凤凰网财经/主编

BREAKTHROUGH AND RENASCENCE

破局与新生

探析全球与中国发展之道

中国经济出版社
CHINA ECONOMIC PUBLISHING HOUSE
·北京·

图书在版编目（CIP）数据

破局与新生：探析全球与中国发展之道 / 凤凰网财经主编 . -- 北京：中国经济出版社，2021.6

ISBN 978-7-5136-6484-4

Ⅰ. ①破…　Ⅱ. ①凤…　Ⅲ. ①世界经济 - 经济发展 - 研究②中国经济 - 经济发展 - 研究　Ⅳ. ① F11 ②F124

中国版本图书馆 CIP 数据核字（2021）第 105085 号

责任编辑　姜　莉
责任印制　马小宾

出版发行　中国经济出版社
印 刷 者　北京艾普海德印刷有限公司
经 销 者　各地新华书店
开　　本　710mm × 1000mm　1/16
印　　张　16
字　　数　210 千字
版　　次　2021 年 6 月第 1 版
印　　次　2021 年 6 月第 1 次
定　　价　68.00 元

中国经济出版社　**网址**　www.economyph.com　**社址**　北京市东城区安定门外大街 58 号　**邮编**　100011

本版图书如存在印装质量问题，请与本社发行中心联系调换（联系电话：010-57512564）

目录

序言

越是面对孤立和分裂，越要包容开放、拥抱世界

刘 爽
凤凰网 CEO、凤凰卫视 COO

2020年是注定被载入史册的一年。百年不遇的新冠肺炎疫情席卷全球，深刻影响和改变了全球秩序和世界格局。全球经济遭遇重创，陷入衰退；金融市场剧烈动荡，债务风险大增；大国博弈升温，经贸争端不断，全球化遭遇挑战。可以说，新冠肺炎疫情改变了过去几十年社会和经济形态的演变进程。

不仅如此，疫情冲击带来的价值观和族群的严重撕裂，极端主义、保护主义、民粹主义、极端民族主义思潮的抬头，对人类社会的发展和未来造成了深远的历史影响，让世界变得更加不确定、更加对立、更加分化。这种变局和隐忧不只是各个国家的，更是全人类的。

面对这场百年未有之大变局，如果目光只聚焦眼前，我们也许只能看到各种困局；但如果放在一个大历史的背景下看，我们今天所面临的各种困局，无一不蕴含着生机。

九十年前，面对大萧条，各国实行贸易保护，提高关税，

发动贸易战，让世界经济进一步萧条，最终诱发了第二次世界大战。

四十二年前，告别“文化大革命”的中国，经济濒临崩溃，百业待兴，通过改革开放、加入世贸组织等一系列措施，积极拥抱世界，加入全球化大家庭，今天成为世界第二大经济体，第一大贸易国。

十二年前，面对2008年金融危机，世界主要经济体通过加强全球合作，凝聚共识、共同应对，成功阻止了形势的进一步恶化。

历史已经多次证明，开放和包容、合作与对话、全球协作、互利互惠，才是人类共同的福祉。没有谁是一座孤岛，我们都是人类的一员、世界的一部分，孤立和分裂只能导致共同的灾难，付出巨大的代价。

作为全球主流华语媒体，凤凰网始终秉持“中华情怀、全球视野、包容开放、进步力量”的宗旨，在坚持新闻专业主义的同时，也坚持向世界传递价值。我们始终坚信，越是面对价值的冲突与撕裂，越是需要我们坚持理性的思考、客观的立场，重建信任；越是面对孤立和分裂的企图，越是需要我们秉持开放的心态、包容的理念，拥抱世界；越是面对去全球化的逆流，越是需要我们呼吁国际协调、合作共赢，捍卫全球化。

我们始终坚信，社会的进步离不开舆论的推动和引领，在历史大变局中，有责任的媒体理应勇于担当，为不同观点的碰撞和交流提供平台，平等对话，充分讨论；凝聚共识，构建共识，推动社会进步。这是凤凰网的愿景，也是凤凰网的使命。

正是基于这一理念，面对疫情带来的不确定性，我们于2020年5月率先举办了为期7天的线上云财经峰会，邀请国内外政商学界嘉宾，发出了寻求共识、拥抱全球化的主流声音。同样基于这一理念，我们今天共聚于此，举办第九届凤凰网财经峰会，为疫情后全球经济和中国发展搭建思想交流平台，探讨历史困局的破局之道。

在过去的2020年，我们欣喜地看到，中国由于疫情管控取得良好效果，率先复工复产，已经成为引领全球经济复苏的强劲引擎，成为全球唯一正增长的主要经济体。但是与此同时，国内经济正值新旧动能转换的关键时期，如何提高经济增长质量，优化经济结构，依然任重道远；在全球形势充满不确定性之际，中国如何解决外部需求收缩、内部需求不足的问题，依然需要充分讨论；在后疫情时代，如何降低企业运营成本、化解债务风险，如何推动金融改革、促进科技创新，依然值得探讨。而这些议题的解决，都需要凝聚各位嘉宾的智慧和见解。

“海以合流为大，君子以博识为弘”，希望各位嘉宾在本届峰会上畅所欲言，向全球华人分享自己的真知灼见，为破题全球经济增长困局和促进中国经济新生建言献策。

（本文为刘爽在第九届凤凰网财经峰会上的致辞）

代序

建设现代金融体制服务构建新发展格局

尚福林

十三届全国政协经济委员会主任、原中国银监会主席

当前，中国正处在“两个一百年”奋斗目标的历史交汇期，世界正经历百年未有之大变局。国内外环境都在发生深刻复杂变化。党的十九届五中全会通过的《中共中央关于制定国民经济和社会发展第十四个五年规划和二〇三五年远景目标的建议》，为“十四五”期间乃至更长时期经济金融工作提供了行动指南。借此机会，谈三点学习体会。

一、探索中国特色的金融发展之路取得的积极成效

习近平总书记在中共中央政治局第十三次集体学习时强调，经济是肌体，金融是血脉，两者共生共荣。我国金融业取得的成就，是在不断适应经济社会发展需要、持续深化体制机制改革中取得的。金融业在为创造经济奇迹提供支撑的同时，也推进了自身的现代化。党的十八大以来，在以习近平同志为核心的党中央坚强领导下，我们不断探索中国特色的金融发展之路。“十三五”期间，金融业围绕支持实体经济

和防范化解金融风险两大主题，不断深化改革，综合实力不断提升，风险防控取得明显成效。一是实施稳健的货币政策。不断完善货币政策框架，深化利率市场化改革，发挥了货币跨时空配置资源作用。二是积极构建多层次金融机构体系。适应经济社会发展需求和实体经济发展需要，不断完善银行体系，设立了理财子公司，开展了地方资产管理公司、民营银行、直销银行、投资管理型村镇银行等试点。特别是2014年创新试点的民营银行，坚持差异化发展战略和特色化经营，利用其独特的股东优势和业务定位，与已有商业银行实现了互补发展。截至目前，共有19家民营银行，总资产超过1万亿元，经营总体平稳。在试点探索过程中，监管部门积极为民营银行发展营造良好外部环境，持续完善监管制度框架，支持其发行二级资本债、永续债等资本补充工具以及“三农”、小微专项金融债券，优化负债结构。同时，就发展中遇到的新情况，比如远程开户等账户管理问题、股东资质和持股比例问题、网点布局和业务创新发展等问题，持续研究论证。总的方向是支持公司治理规范、内部管理严格、经营业务稳健、风险管控有效、特色化发展取得良好成效的民营银行探索相关改革试点。我之前也了解过，民营资本进入银行业，在很多国家或地区的金融改革中都曾尝试过，包括试办民营银行。从结果看，由于制度设计和监管没有跟上，有的放任自流，有的被大财团裹挟，最终多是以失败告终。虽然近年来，社会上也有一些声音反映国内民营银行发展存在问题和不足，但我们在近年来的实践中走出了一条稳健的民营银行发展道路，总体上还是成功的，试点成效还是明显的。三是大力发展普惠金融。创新探索服务实体经济与改善民生的金融服务产品和服务方式，金融服务可得性、便利度均处在世界前列。四是不断扩大金融对外开放。外资股比限制全面放开，金融领域准入负面清单基本清零。人民币的计价结算、交易和储备功能明显增强。五是积极推进市场基础性制度建设。资本市场改革提速，成功推出科创板，注册制取得突破。金融行业法治建设水平和国际化水平日益提高。六是不断完善金融监管体系。重点整治金融乱象，有效控制融资平台、房地产、交叉金融等风险。金融监管的统筹协调作用得到进一步发挥。风险防控长效机制不断健全。

"十三五"期间，我国经济年均增长率达到6.7%，高于世界经济平均水平3.9个百分点，对世界经济的贡献率超过了30%。金融业增加值在GDP中的比重从1978年的2.1%提高到2019年末的7.8%。

二、深刻认识金融改革在"十四五"新发展阶段面临的趋势变化

前期，金融与实体经济总体上实现了良性互动。十九届五中全会提出要不断深化改革，建立现代金融体制。同时，也指出内外部环境发生了深刻复杂变化，很多问题是以前未曾经历的，要从战略的角度，深化认识和有效应对。重点谈金融业在新阶段要应对的三方面新变化：

一是积极适应实体经济创新发展对金融市场融资结构的需求变化。我国融资结构特点是高度依赖银行体系。随着经济发展由要素驱动转向创新驱动，对资本总量和融资结构优化提出了新的需求。科技研发普遍投入大、周期长、风险高、缺乏抵质押物，是传统信贷融资服务的弱项。要激发市场主

体创新活力，加速科技成果转化，就需要大力发展直接融资，形成风险共担、收益共享的资本供给，使科技、资本和产业更紧密地融合。

二是积极适应人民生活与人口结构对金融服务的需求变化。一方面，居民收入和生活条件大幅改善。我国现在拥有世界最庞大的超过4亿人的中等收入群体。不但有追求便捷性、安全性、流动性的基础金融服务需求，也有高附加值、高收益、个性化的财富管理需求。另一方面，人口结构正在发生变化。人口增长率可能会面临拐点，社会正加速步入老龄化。2019年末，我国65岁以上老年人口已达1.76亿人，占总人口12.6%。养老、教育、医疗健康等领域的刚性需求不断增加，银行负债结构、人群消费习惯、资产配置和风险偏好正在或将会发生改变。

三是积极应对错综复杂的国际市场环境对金融开放的影响。一方面，我国经济已深度融入全球市场，世界经济政治格局正处在调整过程中，外部环境趋于严峻，推进更高层次、更高水平对外开放面临的风险日渐增多。另一方面，我国正加速由改革开放初期的商品和要素流动型开放向全方位制度型双向开放迈进，经济全球化趋势不可逆转，人民币在国际上应用的范围和国外投资者对人民币资产的需求持续增长，仍面临新的机遇。

三、充分发挥金融在构建以国内大循环为主体、国内国际双循环相互促进的新发展格局中的支撑作用

从西方国家发展历程看，随着金融业在经济中的比重不断上升，金融资本让财富加速往少数人聚集，资本在收入分

配中的比重不断上升，而劳动分配的占比在不断下降。我们的金融体系要服务于促进国民经济发展和增进民生福祉，提高经济社会资源配置效率，降低实体经济交易成本。在“十四五”时期，金融业要贯彻十九届五中全会精神，坚持党的全面领导的制度优势，坚持以人民为中心的根本立场，重点做好以下几方面工作。

（一）坚持稳健货币政策，实现多重目标协调发展

一是完善货币供应调控机制。营造适宜的货币环境，满足合理充裕的流动性需求，保持适度的社会融资规模增长，支持实体经济健康发展。二是加强预期管理和发挥结构性货币政策工具的精准滴灌作用。平衡好境外与境内、经济增长与就业民生等关系，在币值稳定、充分就业、经济增长、国际收支等多重任务目标间寻求平衡。三是健全市场化利率形成和传导机制。在前期推出贷款市场报价利率（LPR）基础上，进一步提高产品定价的市场化程度，不断完善利率市场化基础，实现市场利率向存贷款利率传导。

（二）坚持金融服务实体经济的根本定位，发展多层次金融体系，积极推进普惠金融

一是形成错位竞争、各有特色的银行保险机构发展格局。加快建立现代金融企业制度，完善公司治理架构。突出特色化业务、差异化经营。发挥好民营银行特色优势。积极推进绿色金融，助力经济社会发展全面绿色转型。二是加快建设规范、透明、开放、有活力、有韧性的资本市场。以注册制和退市制度改革为抓手，深化资本市场改革。优化融资结构，提高直接融资比重，进一步畅通金融资源与科技成果转化的渠道，增强资本市场枢纽功能。三是发展多层次、多支柱养

老保险体系。加快推动养老保险第三支柱发展，满足人民群众多样化养老需求。

（三）坚持数字化赋能，提高金融服务水平

数字经济已成为推动我国经济持续稳定增长的重要引擎。一是突出金融对科技创新的支撑、推动作用。促进新技术产业化、规模化应用，更好地服务于现代化经济体系建设。二是拓展金融科技在普惠金融领域应用。把更多金融资源配置到经济社会发展的重点领域和薄弱环节上，让科技成果更多惠及民生。三是夯实金融科技的创新基础。完善数据标准、数据安全等制度设计，提高信息系统技术可靠性，培养合格人才队伍。

（四）加快信用体系等金融基础性制度建设

上市公司信息造假、债券市场恶意违约、信贷市场逃废债务等问题是困扰金融市场健康发展的痼疾，增加了市场摩擦，抬高了交易成本，侵害了金融消费者的合法权益。信用不足是我国金融市场的短板。一是大力建设公平、透明、法制化市场环境。尽快补齐基础设施短板，营造公平诚信的社会氛围，更好发挥聚集资本、配置资源等作用。二是加快信用体系建设。完善信息披露、失信惩戒等关键制度，强化市场约束，严厉打击失信行为，保障各类市场主体公平参与竞争。

（五）坚持金融双向开放基本战略

充分发掘超大规模市场和内需潜力，利用好国际国内两个市场、两种资源，推动更大范围、更宽领域、更深层次的金融对外开放。一是依托国内庞大消费市场，以系统性、制度化的开放格局和透明、规范、预期稳定的市场环境，吸

引更多优质的国际金融资源。二是在国民待遇的框架下，坚持公平对待各类资本和市场主体，支持外资金融机构依法合规展业，实现良性竞争。三是努力提升中资金融机构国际化运作水平。利用发挥好《区域全面经济伙伴关系协定》（RCEP）、“一带一路”等国际合作平台作用，拓展海外市场，积极参与全球金融治理，提高国际竞争力。

（六）完善金融监管体系，守住金融风险底线

金融市场广度和深度持续拓展，金融风险的复杂性、破坏性不断加大，统筹发展与安全二者关系。一是加强重点领域风险防范，大力整治违法违规金融活动，强化股东股权和关联交易监管。特别关注当前因疫情等各种因素影响出现的宏观杠杆率攀升、信用风险反弹等问题。二是加强监管体系和监管能力现代化建设。提高跨区域、跨市场、跨行业交叉金融风险甄别、防范能力，提升金融监管的科技水平。

（本文为尚福林在第九届凤凰网财经峰会上的演讲稿）

上篇　破局

一　金融风险管理与数字金融

推进科技和金融融合　建设全球数字经济标杆城市

稳妥有序推进金融数据要素融合应用

金融行业需要打破体制性利益束缚

大数据的所有权应该归谁

说“技术金融不是金融”是“白马非马”的诡辩

沪深交易所利用数字人民币交易结算之建议

金融业务的性质是用别人的钱做自己的生意

如何有效应对中国的系统性金融风险

扩大需求一靠财政货币政策、二靠产品创新

关于信用债市场问题的思考

推进科技和金融融合 建设全球数字经济标杆城市

殷 勇

北京市委常委、副市长

当今世界正经历百年未有之大变局，经济全球化遭遇逆流，单边主义、保护主义抬头，国际形势中的不确定因素明显增多，严重影响了世界经济的健康发展，新冠肺炎疫情的大流行又使这个大变局加速演进。面对严峻的形势，中国全力以赴打赢疫情防控阻击战，经济率先实现恢复性增长，为稳定世界经济和畅通全球产业链、供应链作出积极贡献。

当前，我们正处于“两个一百年”奋斗目标的历史交汇点。中国共产党十九届五中全会胜利召开，明确了“十四五”发展任务和2035年远景目标，强调在新的发展阶段，要继续贯彻新发展理念，加快构建以国内大循环为主体、国内国际双循环相互促进的新发展格局。中共北京市委十二届十五次全会审议通过的《关于制定北京市国民经济和社会发展第十四个五年规划和二〇三五年远景目标的建议》，明确提出到2025年实现首都功能、京津冀协同发展水平、经济发展质量效益、生态文明、民生福祉、首都治理体系和治理能力现代化水平“六个明显提升”，到2035年率先基本实现社会主义现代化。

金融业是首都经济的第一大支柱产业。北京市高度重视金融业发展，将其作为推动首都经济社会转型发展的重要抓手。2020年前三季度，北京金融业实现增加值5245亿元，同比增长7%，占地区生产总值超过20%，对稳定全市经济发挥了重要支撑作用。站在“十四五”新的历史节点上，北京将坚持首善标准，自觉承担起引领构建开放型经济体制机制的重大责任，进一步做优做强包括金融业在内的现代服务业，构建好高精尖经济结构，实现首都经济社会的高质量发展。

以“两区”“三平台”为抓手推进金融改革开放

2020年9月4日，习近平主席在2020年中国国际服务贸易交易会全球服务贸易峰会上发表重要致辞，指出将支持北京打造国家服务业扩大开放综合示范区，设立以科技创新、服务业开放、数字经济为主要特征的自由贸易试验区。“两区”建设是中央交给北京的重大任务，是打造首都发展新优势的重要机遇。

北京服务业发展水平全国领先，服务业增加值占地区生产总值的比重超过83%，高出全国平均水平30个百分点。数字经济增加值占地区生产总值的比重达到38%，居全国首位。“十四五”时期，北京将以“两区”建设为契机，加大改革开放力度，强化顶层设计和制度创新，突出科技创新、服务业开放、数字经济、区域协同开放四大特色，聚焦科技服务、数字经济、金融等九大重点产业领域，做好政策清单、空间资源清单和目标企业清单“三单管理”，打造一批各具特色的示范园区，着力破解建设的难点堵点问题，加快推动政策落实、项目落地，打造改革开放的“北京样板”，力争为全国探索出更多可复制可推广的经验做法。具体到金融领域，我们将在落实102项改革开放新举措的基础上，争取更多先行先试的政策突破，并推动更多金融机构在京落地发展。2020年，我们还打造了中国国际服务贸易交易会、中关村论坛和金融街论坛三大国家级开放交流示范平台，下一步，我们将努力提升“三平台”的国际影响力。

推进科技和金融融合发展

北京是全国科技创新中心和国家金融管理中心，信息技术产业、金融产业基础深厚。北京市“十四五”规划和2035年远景目标明确提出加快建设国际科技创新中心，支持新型研发机构发展，形成国家战略科技力量。在这当中，金融业供血作用的充分发挥尤为关键。我们将在金融服务科创、民营、小微企业系列政策体系的基础上，进一步发挥好首贷、续贷、确权融资、知识产权质押融资这四个中心的作用，不断加大对中小微创新型企业的融资支持力度，支持中关村国家自主创新示范区创建国家科创金融试验区；将加大对企业上市、发债融资的培训和辅导，深化新三板改革，优化私募股权二级市场功能；将发挥知识产权交易中心作用，拓宽科创企业的融资渠道，加大对知识产权的保护力度。

同时，注重发挥金融科技的重要作用。近年来，首都金融科技工作快速有序推进，产业集聚和创新引领效应已经形成，示范作用和影响力日益增强，北京在《2020全球金融科技中心城市报告》排名中位列全球第一。在国家金融监管部门的指导支持下，北京率先开展金融科技创新监管试点，两批17个试点应用入箱，进度、数量和范围等领先全国；北京建设全国首个国家级金融科技示范区，聚集了一批金融科技领域的顶级智库和龙头企业，央行数字货币研究所等一批重要机构在京落地。“十四五”时期，北京将建设全球数字经济标杆城市，以数字经济、数字金融、监管科技等为重点，推进金融服务业数字化转型，建设数字金融产业集群，孵化一批应用场景，培育一批数字金融领域领军企业，深入开展金融科技“监管沙箱”试点，利用冬奥会等应用场景在数字货币等前沿领域先行先试，力争取得引领性突破。

加快发展绿色金融

2020年9月22日，习近平主席在第75届联合国大会一般性辩论上宣布："中国将提高国家自主贡献力度，采取更加有力的政策和措施，二氧化碳排放力争于2030年前达到峰值，努力争取2060年前实现碳中和。"习近平主席的宣示，不仅彰显了中国积极应对气候变化、推动构建人类命运共同体的责任担当，也为我国经济社会绿色转型指明了方向，规划了发展路径。碳达峰和碳中和目标的强有力倒逼机制，将带来全社会生产方式和生活方式的巨大转变，形成巨大的碳市场，促使企业和金融机构更加重视绿色风险分析、责任投资和ESG理念。

北京作为首都，一直是绿色发展的引领者。习近平总书记较早就指出要建设"人文北京、科技北京、绿色北京"。北京发布新版城市总体规划，明确建设国际一流的和谐宜居之都发展目标。经过多年持之以恒的治理，北京的生态质量大幅提升，PM2.5的平均浓度较2015年下降50%，重点碳排放单位的碳强度较2016年累计下降16.5%。在这过程中，绿色金融发挥了重要作用。2020年底，北京的绿色信贷总量超1.2万亿元，居国内前列；绿色债券发行量占全国1/4以上；北京节能环保领域上市公司数量国内占比超过10%，总市值居全国首位。

"十四五"时期，我们将积极申请和创建绿色金融改革创新试验区，对标国际领先的碳市场标准，发展自愿减排交易，探索绿色资产跨境转让；将鼓励绿色金融产品创新，依托北京金融科技领先优势，开展环境风险计量评估，提高绿色金融资产定价能力；将深化绿色金融交流合作，支持绿色金融国际组织在北京发展；将支持金融机构在副中心积极开展绿色金融的改革创新试点，努力将副中心打造成绿色金融功能的集中承载地和具有国际影响力的绿色金融样本。

加强营商环境建设

近年来，通过简政放权、放管结合、优化服务改革，北京的营商环境显著提升。作为样本城市，北京助力中国在世界银行2020年营商环境排名中比2019年提升15位，比2018年提升47位，位列全球第31位；如果把北京的评分单独排名，相当于全球第28位。在国家发展改革委组织的中国主要城市营商环境评价中，北京已连续两年居全国第一。我们取消了银行账户开户许可，首创的动产担保统一登记系统试点，也被正式写入国务院发布的《优化营商环境条例》。我们还推出了普惠性的12345企业服务热线机制和有针对性的服务包、服务管家机制，帮助包括金融机构在内的企业解决发展过程中遇到的困难和问题。对于在京工作生活的金融人才，我们致力于提供更多的便利条件，改善大家关心的户籍、医疗、教育等政策环境。“十四五”时期，我们将继续对标国际先进规则和最佳实践，完善公共服务，提高服务效率，提升服务人性化、精细化水平，切实增强企业的获得感；将持续强化科技手段运用，推进社会信用体系建设，提高法治保障水平，为营商环境改善贡献北京经验。

“十四五”时期，北京将以“两区”建设为重要抓手，不断优化营商环境、提升服务水平、加强政策支持、扩大改革开放。我们诚挚地欢迎海内外机构和投资者来京开展投资、合作、创新，共同参与到北京和国家高质量发展的建设中！

稳妥有序推进金融数据要素融合应用

李东荣

中国互联网金融协会会长、中国人民银行原副行长

根据近年来对金融科技发展的跟踪关注，以及我们的一些实践探索和理论总结，我认为，近十多年来，全球金融科技的蓬勃发展主要是金融深化、技术供给、客户需求等多方面因素综合作用的结果。其中，海量数据要素的积累是非常重要的驱动因素。特别是我国已经明确将数据列为重要的生产要素，正积极稳妥地推进要素市场化配置改革。在此背景下，数据作为基础性战略资源和关键生产要素的地位更加凸显。在下一步的金融改革发展中，如何平衡好金融业的数据要素融合应用和安全保护，有效地发挥金融数据要素的价值，已经成为当前金融改革发展特别是金融科技高质量发展过程中所面临的一项重要和紧迫的课题。

所以，我想围绕金融数据要素融合应用的重要性，发展现状和取得的初步成效，以及下一步的对策建议等三方面谈一点个人的认识，供大家参考。

一、推进金融数据要素融合应用具有重要的现实意义

从理论研究的角度来看，数据要素融合是指在数据要素化背景下，对单一或者多个数据源的数据进行关联、组合等操作，从而获得更好的数据处理效果。传统的公开数据采集、原始数据共享等都是广义上的数据要素融合方式，这些传统的融合方式在应用场景、隐私保护等方面存在一定的局限性。金融业作为一个数据密集型行业，它所产生和使用的各类金融数据与客户的信用水平、资产财产状况高度相关，部分数据还会涉及消费者的个人隐私。因此，如何在确保安全合规的前提下，加强金融数据的融合应用，历来是一个“两难”的问题，也是全球的共性难题。值得我们高兴的是，随着科学技术的进步，近年来，各种数字技术不断在各行各业投入应用，有些部门和研究机构依托多方安全计算、联邦学习等新兴技术，探索实现数据的“可用不可见、定向定量使用”。这已成为金融数据要素未来融合努力的新途径、新方向。因此，依托先进技术推进金融数据要素融合应用，既是落实国家数据要素市场化配置要求的有意举措，也是深化金融供给侧结构性改革的内在要求，它具有重要的现实意义。

（一）有助于促进金融业的数字化转型

根据调研了解的情况，现阶段我国有相当数量的金融机构，特别是中小金融机构，存在数据治理能力不足、数据应用能力不强等问题，有数不能用、不敢用、不善用的现象比较普遍。与此同时，数据黑产、数据垄断、数据滥用等情况时有发生。所以，从未来的发展方向看，应该积极地运用多方安全计算、联邦学习等技术，帮助减轻从业机构的顾虑，提升数据要素融合应用的积极性，打破数据壁垒和信息孤岛。

（二）有助于提高数据普惠金融水平

在依法合规的前提下，传统的信贷数据和一些替代性数据的融合应用，可以使小微企业、农民、低收入人群等历史数据不足的“信用白户”走出

信用积累的“最先一公里”，有效解决数字鸿沟和金融排斥等问题。

（三）有助于落实金融消费者的保护要求

为依法合规经营的从业机构提供安全可靠的数据要素融合途径，能够避免因为部分违规使用数据机构的不当竞争而导致的“劣币驱逐良币”现象，进一步维护金融市场秩序，切实增强隐私保护。

（四）有助于提升金融穿透式监管效能

金融数据要素的融合应用，使金融管理部门能够采集到相对高质量的监管数据，有效地支撑人工智能、大数据等监管科技的应用，提升金融监管的专业性、统一性和穿透性。

二、我国金融数据要素融合应用已经具有较好的基础条件

总的来看，经过这些年在金融业各方面的不断实践，我国金融数据要素融合应用正处于一个加速探索的阶段，并呈现出以下几个方面的特点。

（一）顶层规划已有方向

2019年8月，中国人民银行发布了《金融科技（FinTech）发展规划（2019—2021年）》（以下简称《规划》）。《规划》明确提出，打通金融数据融合应用通道，破除不同金融业态的数据壁垒，化解信息孤岛，制定数据融合应用标准规范，发挥金融大数据的集聚和增值作用。所有这些举措都对未来金融业加强数据要素融合应用提出了要求，指明了方向，提供了便利条件。

（二）标准规则加速出台

近年来，中国人民银行陆续发布了《个人金融信息保护技术规范》《金融数据安全　数据安全分级指南》等基础通用标准，以及《多方安全计算金融应用技术规范》等技术应用标准。这为金融数据要素融合应用奠定了较好的标准基础。

（三）应用路线更加清晰

目前，金融数据要素融合应用的支撑技术主要包括多方安全计算、联邦学习、数据脱敏、可信计算等。从保密性、可控性、高效性、通用性等维度综合比较，多方安全计算更加适合数据量适中但保密性更高的应用场景。联邦学习更适用于风险评估模型的联合构建和训练场景。数据脱敏更适用于数据量较大，应用需求不依赖原始数据、特定敏感信息的普通数据场景。可信计算更适用于数据资产使用约束条件较多的场景，如数字版权、移动支付等。

（四）行业实践逐渐丰富

金融数据要素融合应用的重要性已日益成为行业的共识，基于多方安全计算、联邦学习等技术的数据融合解决方案，在合格投资者认定、信用评估、监管科技等领域已经有了初步的探索。尽管目前尚未形成规模化的应用，但我们认为它还是具有广阔的市场需求和应用前景的。据我了解，截至2020年9月20日，已经纳入中国人民银行金融科技创新监管工具的60个创新项目中，有5个涉及小微企业的融资，涉农信贷、跨境结算等场景的项目探索应用，5个项目分别使用了多方安全计算、联邦学习等数据融合的支撑技术。

三、推进金融数据要素融合应用的对策建议

尽管目前金融数据要素融合应用已经有广阔的市场空间和良好的发展机遇，但我们同时还要看到，目前金融数据要素融合应用依然面临着部分从业机构数据治理和应用能力薄弱，法律制度针对性、适用性有待进一步加强，技术与场景的适配度和市场的接受度有待提升等一系列的现实困难和挑战，这需要凝聚政产学研多方的智慧和力量，共同推进。我对如何稳妥有序地推进金融数据要素融合应用提出以下几点建议。

（一）完善制度规范

建议国家层面加快出台《数据安全法》《网络安全等级保护条例》等法律法规，持续健全数据要素相关制度体系，全方位护航数据要素依法合规融合应用。要进一步明确同意形式、免责规定等金融数据要素融合应用关键节点的规则要求，为正确应用、敢用、善用数据提供必要条件。加强对金融机构、金融科技公司等数据使用方行为的约束，推动数据要素融合应用活力平稳有序释放。

（二）加强科学监管

数据的融合应用反映了科技的进步，因此对其监管也要与时俱进、同步跟上。要用科学技术武装监管，科学地进行监管。建议加强监管政策的统筹协调，出台实施用户授权、最小够用、专事专用、全程防护等重要的原则指引，加大对侵犯隐私、违规采集数据、非法数据买卖等违法违规行为的披露以及惩处力度。优先支持普惠金融、绿色金融、科创金融、养老金融等领域的金融数据要素融合应用创新，纳入金融科技创新监管工具，继续适时出台数据要素融合应用的相关监管规则和配套标准规范。

（三）形成自律约束

注重加强行政监管与行业自律的有机互补。与数据相关的行业协会应在国家相关管理部门的指导下，聚焦数据要素的确权、交易、融合、保护等重点难点问题，推动政产学研各方加强研究和交流，促进数据要素融合应用方面的信息和能力共享，应行业共性需求牵头搭建金融数据要素融合应用基础平台，推进数据格式、数据授权协议、数据要素融合支撑技术金融应用等标准规范的研制。

（四）推进行业实践

从业机构应严格遵守法律法规和监管规则，尊重客户隐私等各项权利，不违规采集、留存、泄露客户的数据。从人员、资金、组织架构等方面给予重点保障，持续夯实数据治理的基础，提升数据质量，提高数据安全保障能力。坚持需求和问题导向，加强多方安全计算、联邦学习等技术的应用探索。选择权威可信的数据源开展融合应用创新，稳步提高数据要素融合应用能力。

（五）鼓励社会参与

鼓励和引导广大金融消费者进一步提升个人数字金融素养，增强数据风险意识和自我保护能力，选择已在有关管理部门、行业自律组织等权威方面完成准入或备案的正规渠道获取金融服务，或者先从比较规范的渠道了解，然后再去应用它。在确保合法合规的前提下，支持正规的机构在业务办理过程中实施必要的数据采集行为。

推动金融数据融合应用意义重大，涉及面广、任务艰巨，我们期盼金融业广大从业机构和消费者一道，在遵守国家法律法规的前提下，坚持稳妥有序、守正创新的原则，积极探索应用多方安全计算、联邦学习等新技术，促进金融业数据要素融合应用和安全保护在更高水平上实现动态平衡，为经济金融高质量发展积极贡献力量。

金融行业需要打破体制性利益束缚

朱小黄

中信集团原监事长、中信银行原行长

疫情之下，“双循环”大格局下如何破局，如何往前走，有几个问题提出来供大家参考。

首先我想谈下“双循环”的问题。内循环基本上定位在刺激消费这样一个大的措施上，大家可能更重视外循环到底循环什么。但是我想，有些问题还是要回归本源。

经济学上的循环有两种：一种是循环流动模型，居民从市场购买企业提供的商品或者服务，再由企业从要素市场购买居民提供的劳动力，形成居民和企业之间的循环。这是最早关于循环的一个说法。另一种是指循环经济，美国经济学家K.波尔丁在20世纪60年代提出循环经济的概念，它是指宇宙飞船在出去的时候是一个隔绝的独立体系，没有外面的能量补充就能自成体系地运行，通过内循环消耗掉又获得，这是最早的说法。这两种概念有一个共同点，不管是居民和企业，还是居民和自然，都是有来有往的。循环是指不同主体之间有来有往，来往的东西可以是资源、产品、要素，这是从基本定义上来讲的。

回到实际经济中来讲循环，我们可以追溯到改革开放早期，当时国家计委的王健提出国际大循环。现在年纪稍微大一点的都知道，80年代中叶讲国际大循环是很时髦的，它确实也推动了经济的发展。当时的大循环主体是中国和外国，介质是外汇，在国际市场上以劳动换取外汇，再进行循环。

双循环包括内循环和外循环，循环主体还是中国和外国，但现在内涵更复杂，加上了各种要素。比如，内循环的主体是什么？不能只讲国内居民和企业之间的销售循环，实际情况没有这么简单。需要关注的还有城乡循环、生态循环、虚拟经济跟实体经济的循环、资本的循环。这需要我们研究各种主体之间的不同关系，而不能只停留在拉动内需的层面。

双循环，特别是就国际循环而言，在WTO的框架下出现了一些停滞。我仍然认为，全球化的方向不会完全逆转，但短时间内可能会有一些变化。为什么？全球化的趋势从几百年以前就开始，其本质是市场扩张。现在来看，这个扩张推动力是背后蕴藏的利益，是资本的力量。但通过研究也注意到，外部国家或经济体通过WTO得到的好处，这几年也发生了很大的变化。用瑞士的全球化指数来衡量，发达国家基本上已经达到84的最佳状态，所以其动力不足。发展中国家或者是次发达国家，包括中国的该指数不到70。可见大部分国家对全球化仍然有动力，小部分国家缺乏动力。

短期来看，区域贸易一体化是全球化发展的方向，也是可以去做的事情。其实最近区域贸易一体化已经开始发生一些变化。比如，中国推动的“一带一路”倡议、亚太地区的东盟、拉美的太平洋联盟都是区域化的合作。全球化走向在短期内可能向区域一体化发展，从WTO变为小WTO。从这个角度看，对全球经济前景，我们应该保持信心。

深化改革在推进的过程中会遇到一些障碍。运行机制要改革，主要面临的问题是打破体制性利益的束缚。

过去讲部门利益，就是哪一个部门为了自己的利益作了一些防御性决定，形成某种程度上的利益集团化，这对深化改革是不利的。现在更要重视的是体制性利益。部门利益是传统小农观念的产物，虽然会导致推诿、扯皮、官僚，但容易协调和克服。体制性利益产生于融汇机构、个人利益和权力的大的利益集团，比如说某一行业，实际上大家是抱团的，当行业产品爆出一些问题时，这一行业的人往往会联合发声，这就是体制性利益。金融部门如此，别的部门也有这样的问题。所以深化体制改革需要正视体制性利益的客观存在，在此基础上理顺激励关系，调整好大局和局部利益的相关性，用规范的力量促进改革深化。

关于双循环下的金融，从风险角度有一些观点提供给大家思考。

中国居民储蓄率非常高，2019年中国居民储蓄率高达45%，美国居民储蓄率大概只有9%。高储蓄率一方面限制了消费，另一方面产生大量间接融资，导致中国有号称宇宙最大的“宇宙行”。

银行界很努力，我也属于银行界工作人员，我也做了很多工作。但单靠银行的间接融资很难在短期内改变中国居民储蓄率如此高的现象。我也希望直接融资的渠道能够越来越广阔。鼓励储蓄转化成消费应是直接融资的重点目的。这涉及资本市场和养老、医疗、教育、房地产等方面的问题，非常复杂，所以需要在各个方面深化改革。

那么新环境下，双循环环境下，疫情环境下，我们怎么往前走？我认为要守住一些金融的基本逻辑。首先风险是客观存在的，银行经营的是风险，高杠杆率的金融现象是不可持续的，所以资本充足率的一些监管要求不要幻想去突破。其实没有什么科技金融，金融只是科技的最佳应用场景，仅此而已。另外，针对不同的风险偏好要区别监管，例如投行、基金、商业银行是不一样的，对它们要有不同的监管，在诸如监管细化程度等方面要有所区别。

需注意的是，银行也有流动性的问题。不要以为M2那么大，银行的流动性就安全。实际上，一旦社会发生收缩，再充足的M2也会导致流动性问题，这是很危险的一件事。流动性安全永远是金融的主体。

资本市场以现金流为基础，靠估值、资本性的融资来获得账面价值和投资价值，获得现金流。最近的爆雷，说得难听一点有割韭菜等说法，其实本质上是庞氏骗局。当然，不是说这个企业家上来就想骗钱，但资本在运作过程中，不自主地向现实利益靠拢，形成庞氏骗局，这值得警惕。

我们还要警惕在科技金融旗号下形成新的泡沫，造成新的“黑天鹅”“灰犀牛”。大数据的应用、智能化、区块链、电子货币等，就怕一哄而上。一些公司实际上是在盲目地逐利。现在金融机构也花了大量的资本、人力、物力，企图在科技领域争得一席之地，这些都是很危险的，弄不好在P2P后又形成新一轮的泡沫。

大数据的所有权应该归谁

杨凯生

中国银保监会国际咨询委员会委员、中国工商银行原行长

《中共中央关于制定国民经济和社会发展第十四个五年规划和二〇三五年远景目标的建议》（以下简称《建议》）中有这么几个提法：加快数字化发展。发展数字经济，推进数字产业化和产业数字化，推动数字经济和实体经济深度融合。中央在《建议》当中还明确提出，要建立数据资源产权、交易流通、跨境传输和安全保护等基础制度和标准规范。我相信这一系列指导思想和工作要求必将在下一阶段的经济和社会发展中在各方面得到进一步体现，因为各部门、各地方都在制定“十四五”规划，中央的建议要求肯定会得到体现。我们也可以想象，未来数字化工业、数字化农业、数字化服务业、数字化金融、数字化医疗、数字化教育乃至数字化城市、数字化政府等都会以不同的速度，从概念一步步变为现实。

为促进数字化社会健康发展，现在需要将实践和理论结合，把一系列问题拎得更清楚，想得更明白。这方面的问题其实还有不少，我今天仅仅从其中一个角度谈谈个人的思考，

就是数字化发展给我们传统的政治经济学带来了一个需要回答的问题。

在互联网、大数据、云计算、人工智能等一系列新技术快速发展的当下，它们是不是对我们一直坚持的政治经济学的基本原理和方法论提出了新的问题和挑战？我们应怎样与时俱进地研究和回答，进而解决这些问题？

比如通常来说，我们总以为新的科技进步包括数字化的发展，给社会带来的主要是生产力水平的提高。这个固然是对的，因为数字化有助于提升人们利用各种资源进行生产活动和创造财富的能力，这就是生产力。数字化的发展对生产力提升的推动作用，已经为这几年经济社会发展的实践所证明，例如，许多事情我们现在都感到比过去快捷了、方便了，有一些事情隔着空间处理也成为可能，这些变化都和数字化的发展有着这样那样的关系。但我认为，仅仅看到这一点似乎还不够，为什么这么说呢？按照历史唯物主义的观点，生产力最终是要影响和决定生产关系的，而生产关系主要指的是生产资料归谁所有、劳动成果如何分配，这是传统政治经济学的主要观点。当然也包括在生产资料归谁所有、劳动成果如何分配这个过程中形成的人的相互关系。

数字化对生产力进步的影响会不会进一步影响到生产关系？这中间有没有需要深入研究和加以解决的问题呢？当前技术的进步，使得数据在各行各业的运用越来越广泛、越来越深入，大数据已经成为一种产业，在这个过程中，各类数据平台企业也越来越多。如果从生产力、生产关系的角度来看，这里涉及一个问题，大数据作为一种生产要素、作为一种生产资料，或者说作为一种资产，它到底是属于谁的？所有权应该归谁？

政治经济学中关于生产关系的主要定义就是生产资料归谁所有、劳动成果如何分配，那么这些数据是属于原始数据的来源方，属于社交行为者、生产行为者、交易行为者，还是属于数据的平台方、数据的归集者、算法的提供者、信息的整理者乃至发布者？或是归其他方面、归其他人所有？

这个问题前些年并不十分被关注，最近几年逐渐引起大家的重视，但这种重视似乎还是从信息保护和个人隐私的角度去考虑的，并没有从数字化的发展、生产力水平的提高、可能带来生产关系的变化这些角度去观察和思考。不同性质的数据是否应该归不同的所有者，不同的数据使用者是否应该有不同的责任、权利和义务？出于盈利目的而使用交易数据获得收益，是否应该向数据的所有者支付必要的对价等，都是急需我们深入研究和解决的问题。

在《建议》中，中央强调要在今后一段时间内建立起数据资源产权、交易流通、跨境传输和安全保护等基础制度和标准规范。这是站在一个更高的层面，从推进社会治理机制和社会治理能力现代化的历史视野出发，顺应数字革命和数字化发展历史潮流的举措，目的是促进经济的发展和社会的进步，以及在新形势下切实维护国家的安全。

现在的关键是我们要着手建立的基础制度和标准规范怎么样制定？相关内容和规定怎样做到既与这几年的发展实践相衔接，又符合与时俱进的要求，并且是符合政治经济学基本原理？因为政治经济学不仅阐释了生产力和生产关系的关联，还有关于一切生产关系的综合构成经济基础，经济基础又影响和决定上层建筑的经典观点。这是面对下一步即将到来的数字化加快发展新形势应该关注和研究的重要问题。

说“技术金融不是金融”是“白马非马”的诡辩

刘晓春

上海新金融研究院副院长、浙商银行原行长

对于数字金融、金融科技和互联网金融，我想从银行的角度来谈一些看法。

第一个看法，数字金融、金融科技、互联网金融可能是金融发展过程中的一段小插曲。从长远来看，没有互联网金融，也没有数字金融，因为这些技术都是公共性的技术，金融行业可以用，其他行业也可以用，最后金融行业会大量地数据化，基本上大家都会把这些技术应用起来。所以今后金融还是金融，不会在金融之外还有另外一个数字金融、金融科技或者技术金融。

第二个看法，无论用什么技术，提供的仍是金融服务。比如说到银行来办消费贷款，贷给你5万元钱，相信你只关注5万元钱是不是到你的账上、是不是可以用，至于是用区块链技术给你贷款，还是用大数据、云计算技术给你贷款，对你而言没有什么影响，你也不会在乎这些。而且贷给你的5万元钱也不会因为用了技术而变成6万元钱，也不会因为用了技术你就不用还贷款了。所以技术金融依然是金融，技术金融应该归到金融的范围内来进行监管。我们不能因为用了技术，就认为金融不是金融，不需要监管，用这种“白马非马”的诡辩方式来偷换概念。

金融科技行业发展到今天，如果在数字化转型中还老是喊技术口号、技术名词，我认为这在某种程度上是一种欺骗。技术最后要运用到业务上，就银行信贷而言，现在应该来总结数据如何应用，哪些数据和信贷风险是相关的？相关度怎么样？哪些数据在什么环境下才和信贷风险的相关度是紧密的？有些数据在一定环境下，与信贷风险有非常紧密的相关性，但换了一个场合、换了一个环境，这个数据对于风险管理就没有什么益处了。无论线上还是线下，这类情况是非常多的，显然这才是金融数字化转型中要总结的内容。

首先要解决这些问题，包括数据与信贷风险到底是什么关系？对确定客户、确定信贷额度有什么作用？线上有用还是线下有用，或者说是线上线下都有用？等等。

其次要解决的是有哪些数据、哪些要素可以对借款人还款产生强制约作用。放贷款的目的不是放贷款，目的是收回贷款、收回利息，原因是什么？是要保护投资者的利益。投资者是谁？是存款人。银行用的是存款人存在银行的钱去放的贷款，所以必须要保护存款人的利益，贷款要收回来。数据分析显示，借款人有还款能力，以前的信用记录是比较好的或者是很好的，很难说他后面的信用一定很好。技术没有办法提高借款人的还款能力，技术也不可能提高借款人的道德水准，所以必须要有制约的条件才能够让他来还款。为什么要有抵押、担保、质押？原因就在于当没有其他东西可以制约借款人还款的时候，可以用这些。我们也发现在线上、在一些供应链当中可能会找到一些制约的条件，但是这些制约条件需要制度、法律来认定。这说明在应用技术中、在金融创新当中，首先需要的是用金融技术，创造的是金融产品，数据之间的关系是金融关系，需要的是用金融知识去找到相互之间的联系。

在创新中，我们还需要制度技术。这些强约束条件是需要制度、法律来认定的。区块链上不可篡改的功能，也需要法律来认可。一些人宣传区块链时讲过一个故事，说年初和领导签订了绩效挂钩办法，发到区块链上，以为全网广播后领导就赖不了了。是这样吗？区块链只是提供了一个不可修改的文本。但是现在到年底了，因为今年有疫情，董事会开了一个会，说年初的绩效考核办法要改一下，是否可以改？区块链上的文本不能改，但是这个考核办法是可以改的。这是什么原因？这是制度的原因，而不是技术的原因。所以，金融创新需要金融技术、制度技术，最后才是科学技术。

随着数字社会的建设，今后在不同领域、不同行业，公共平台会越来越多，这就产生了一个问题，这些大型平台怎么和社会相处、和每个人相处、和每一个行业相处？我认为这些平台应该是开放的。平台是什么概念？就是让平台上的参与者互相能够流畅地办理相关的业务。在这个平台上客户需要办理金融业务，就应该开放给金融机构来办理。比如说你去美容店美容，美容结束了之后刷银行卡支付美容费用，这个时候，你作为顾客，既是美容店的客户，在刷卡的一刹那也是银行的客户，而且在刷卡的一刹那美容店也是银行的客户，美容店不能说你在这个店里面你就是他的客户，你不能办银行业务，你的银行业务必须通过他美容店来办。这可能需要一系列的制度安排，如果这个制度安排不好，数字社会是建设不好的，金融科技的发展也是不顺畅的。

制度建设方面，我认为接下来的金融技术也好、银行的数字化转型也好，和制度上如何确保这些公共平台的有效开放度有关，或者说和确保这些公共平台不成为信息孤岛、不成为垄断型中介是有很大关系的。这些是需要有制度安排的。

银行为实体经济服务需要解决一些什么问题？客户方面相对而言研究

比较多的是个人客户、小微企业，我今天想讲的是对公客户。现在有越来越多的集团企业，这些集团不会集中在一个区域内，它们在全国各地甚至全世界都有布局。如何评估这类集团企业的风险？这和我们以前传统的风险评估是不一样的，传统银行风险评估是以单独一个企业为基础考虑问题的，以后虽然有集团授信的做法，但还是把集团作为一个单一整体来考虑授信的问题。现在的集团地域上这么大、集团内部的行业也不再是单一的，许多集团内部有全资子公司，有合资、有参股、有控股、有合作的，所有制不同、法人不同，如何评估这些风险，银行到现在为止没有一种成熟的评估方法。现在集团的边界是在动态变化中的，也就是不断地并购重组，今天这个子公司是这个集团的，明天可能就不是了；银行放贷款的时候这家子公司是这个集团的，等到放了贷款之后它又不是这个集团的子公司了，集团风险可能发生变化。如何解决这些问题？毫无疑问，这首先是一个金融问题。这么复杂的问题，金融科技能否帮助我们适应这样的管理方式，找到许多数据之间的联系，既能够评估整个集团的风险，又能够控制好每一个分子公司个体的风险？这是客户方面的第一个问题。

第二个问题是现在新兴行业、新兴产业越来越多。银行原来的信贷评估总体上是按照生产企业的投入产出概念来进行评估的，现在有些行业没有办法进行这样的评估，比如文旅、动漫，不知道画这个动漫花多少成本，这些成本花下去之后，拿到社会上究竟是“喜洋洋”还是“哪吒”？这些都不知道，银行现在没有找到好的评估方法。比如说今后的康养行业，生产东西还好说，但好多康养行业没有办法来评估。对于这些新兴行业、新兴产业，包括科创行业，以前讲的项目贷款、技术改造贷款，这些投入产出都是很明确的，而现在的新兴科技行业，不是说银行不想支持，银行拿了存款人的钱不敢支持，因为看不清楚。今后应该研究这些问题，而金融科技能否帮助银行更好地研究这些风险也是一个重要课题。

第三个问题是新的商业模式。商业模式也好，平台经济也好，这些和我们以前用投入产出法来评估的风险也是不一样的，如何看待这样一种风险也是需要研究的。

第四个问题是金融市场的多层次建设，毫无疑问对于企业而言有了更多的融资渠道、更多的投资渠道。但对银行而言，一方面是有了更多的竞争者，更重要的是对企业资产负债管理的风险评估复杂度提高了。这些年来出现那么多的债券爆雷、股票质押贷款爆雷，包括影子银行的爆雷，就是因为金融市场多样化，给企业的资产负债管理带来了新的考验。实际上现在企业资产负债管理能力没有适应金融市场的发展变化，造成了很多的风险。对银行而言，怎么样来评估这些风险，怎么样来收集相关数据也是非常重要的。

这些都是客户方面的。回头来讲银行自身，银行自身这张资产负债表也有了很大的变化。以前资产负债表中主要是存款和贷款，但现在资产当中贷款只占了50%左右，有一些银行连50%都不到，这意味着什么？意味着银行的资产种类更多了，再加上利率市场化、汇率市场化、新的会计准则、增值税，这对银行的管理复杂度、精细度都提出了新的要求，这恰恰是金融科技大有用武之地的地方，是需要我们进一步开发、利用的地方。金融科技不仅仅是用于放贷款的，更不应该用来放那些不该放的消费贷款，应该用到正道上来。

沪深交易所利用数字人民币交易结算之建议

高志凯

全球化智库副主任、香港证监会原中国事务顾问

30年前，上海证券交易所和深圳证券交易所分别成立。30年来，我国资本市场已经取得举世瞩目的成就。

中国有个说法，30年为一代。

据此，中国的证券市场和更为广义的资本市场已经走完第一代。

我们正在开启我国资本市场第二代的进程，也就是2021年至2050年。

我们今天举行“破局与新生”凤凰网财经峰会，正逢其时，这是一个非常难得的回顾过去、展望未来，从第一个30年走向第二个30年的代际传承的重要时刻。

2018年，在中国国家博物馆举办了改革开放40周年大型展览。2019年，在北京展览馆举办了中华人民共和国成立70周年大型成就展。两个重要展览都展出了在中国资本市场发展历史上非常重要的一张照片，就是邓小平在1986年11月会见以美国纽约证券交易所董事长范尔霖为团长的美国纽约证券交易所代表团。我很有幸担任邓小平同志的翻译，见证了

这段辉煌的、具有里程碑意义的历史。

邓小平很谦虚地告诉美国客人，你们美国有钱，我们中国没有钱；你们华尔街会赚钱，我们中国不会赚钱，你们美国要教我们中国怎么赚钱。邓小平最后掷地有声地说："我们中国也要搞自己的股票市场。"邓小平的重要讲话，为上交所和深交所的成立奠定了基础。

30年来，我国的证券业蓬勃发展，其中包括了我国证券业国际合作的蓬勃发展。主要体现在几个方面。

（1）引进外资投行、券商（直接、间接）进入中国，开展业务。

（2）鼓励中国投行、券商走向世界，在一些国家和地区开展业务。

（3）鼓励成立中外合资的投行、券商，开展业务，包括我曾经效劳过的中国国际金融股份有限公司。

（4）在资金利用方面，很多中国企业，包括国企和民企走向海外，在海外资本市场发行股票、债券和其他金融产品，为我国改革开放引进了大量海外资金。

（5）国内资本市场发行过B股股票，引入海外投资。

（6）上交所、深交所分别同海外资本市场建立证券产品的互通机制。

（7）建立了上海期货交易所，从事包括原油期货、黄金期货和其他产品的期货交易；成立了上海石油天然气交易中心和其他大宗商品交易所，大力开展国际合作。

（8）在专业人员方面，大量留学人员、专业人员进入国内、海外的投行、券商工作，进行良好互动，形成了一大批优质金融人才，为我国的金融国际合作提供了人才保障。

（9）国内的资本市场监管部门、交易所、投行和券商、从业人员跟海外相关部门和人员开展了长期、广泛的合作与交流。

（10）十分可喜的是，30年来，不管是在国企重组改制，还是在民企和第一轮互联网企业发展壮大过程中，抑或在汹涌澎湃、突飞猛进的人工智能、机器人、5G、万物互联、数字经济的发展浪潮中，我国资本市场的国际合作都功不可没，并已形成比较完整的产业链和价值链，促进了风险投资、股权投资、公司并购、现货与期货业务的发展，形成了政府与市场分工与协同、国内市场和国际市场互动并进的大好局面。

在我国资本市场即将进入第二个30年，也就是“第二代”，即2021年至2050年之际，我们面临着什么样的大趋势呢?

（1）“百年不遇之大变局”！确实如此！虽然不同的国家、不同的机构有不同的解读。

（2）中美关系持续紧张，甚至进一步恶化，包括在金融领域。

（3）美国和一些西方国家反华、仇华现象一时半会儿难以好转，甚至可能进一步恶化。

（4）我们中国必须靠实力说话，原则问题必须站稳脚跟、毫不动摇。同时，挑战越是严峻，局势越是复杂多变，越需要我们有智慧、勇气和远见。

（5）中国经济规模现在已经稳居世界第二。中国经济规模跃居世界第一，指“年”可待。

（6）人民币国际化。

（7）数字人民币在各国数字货币中，将率先迈进市场，包括国内市场和国际市场。

（8）数字经济将席卷全球。数字未来，未来已来!

（9）“财富”的再定义。“财富”不仅仅包括金钱、财产，“财富”也应该包括健康、安全，还应该包括整个社会、整个国家对重大卫生事件、对重大疫情有效、及时、科学的应对。

请允许我就我国资本市场如何进一步国际化提几点建议，供大家批评指正。

（1）国际板。三十年来，我国很多企业在海外资本市场融资，取得了辉煌成就。但是迄今为止，我国很少，或者说几乎没有准许海外企业在我国股票市场上市融资。这里面有很多原因，在此不一一赘述。考虑到新形势、新挑战、新机遇，我建议我国尽快推出股票交易所的“国际板”，鼓励优秀海外企业，包括欧美公司、日韩公司和其他各地的优秀企业在我国股票交易所上市融资，进一步加强我们国内资本市场与国际资本市场的融合。

（2）我们可以考虑在上交所和/或深交所设立“国际板”，也可以考虑专门成立“国际/海外股票交易所”。

（3）“一带一路”股票交易所。考虑到我国近年来大力推动“一带一路”建设，建议推出“一带一路”股票交易所，或把“一带一路”股票交易所作为“国际板”的一个重要组成部分，及时推出，使“一带一路”更加有血有肉，更加生机勃勃。

（4）数字人民币。我国正在大力推进数字人民币，建议有关部门积极推动在上交所、深交所和其他交易所使用数字人民币进行交易、结算和清算，尤其是在有待开设的“国际板”和“一带一路”股票交易所使用数字人民币进行交易、结算和清算。

（5）开创先河。我希望上交所和深交所开创先河，成为世界上首批用数字货币（即数字人民币）进行交易、结算和清算的股票交易所。

（6）用数字人民币进行国际贸易结算。建议把推进数字人民币同推进人民币国际化紧密相连，目标是中外贸易，包括石油、天然气贸易和其他大宗商品贸易，用数字人民币结算。

（7）投行、券商的国际化。建议大力鼓励我国投行、券商和其他中介机构积极、谨慎走向国际，鼓励投行、券商和其他中介机构进行国际收购、合并、合作，扩大自身发展规模，壮大实力，使我国国内的投行、券商和其他中介机构成为国际投行、券商和中介机构。

（8）世界交易所全覆盖。我国投行、券商和其他中介机构，不仅应该进入目前的各大国际金融中心开展业务，还应该有计划地同世界各地设立的股票交易所、债券交易所和其他交易所建立合作关系，做到全覆盖，开展全面合作。

（9）世界各地区全覆盖。在我国投行、券商和其他中介机构进一步推进国际化的过程中，我们不仅应该同欧美、东亚、大洋洲、东南亚建立资本市场的合作关系，也应该同西亚、中亚、南亚、非洲、南美洲等建立资本市场的合作关系。

（10）走向世界。资本市场的合作，不仅包括传统的投行、券商业务，也应该强调帮助中国企业走出去、帮助优质海外企业来国内股票市场上市、协助人民币国际化和数字人民币国际化、协助推广中国证券行业和中国资本市场标准的国际化和国际普及。

（11）交易平台创新。建议充分利用我国经济发展的规模优势和强劲发展势头，以及发展潜力优势，推动建立新型国际交易平台和交易方式，促进各大交易所的合作和合并。

（12）展望2050年。建议：系统、全面总结到2020年世界证券行业和资本市场的最新现状；分析、洞察世界证券行业和资本市场目前正在发生的巨大变化；展望2050年世界证券行业和资本市场的发展前景，为中国证券行业和资本市场更好融入世界，并且引领世界做好充分的准备。

（13）我们应该始终在技术创新和数字经济发展方面争先恐后，绝不落后。

最后，请允许我强调，在百年不遇之大变局之际，在方方面面都在发生翻天覆地变化、变革和革命之际，我们一定要创造动力！

我们绝对不能仅仅被动力拖着走，或被动力拖着爬滚！

我们绝对不能被动力埋葬！

我们一定要脱颖而出，引领世界的发展。这是我们大家的使命和责任。

金融业务的性质是用别人的钱做自己的生意

李礼辉

中国银行原行长、第十二届全国人大财经委委员

2020凤凰网财经峰会的金融环节中的“变局与机遇”，契合金融业数字化变革的最新趋势。

变局之一：数字信赖可以加持商业信用

有越来越多科技平台、金融机构推出基于大数据技术的信用服务，解决长尾客户的金融需求，发展普惠金融。

区块链可以建立技术背书的信任机制，通过数学方法解决信任问题，以算法程序来表达规则，信任共同的算法程序就可以建立互信。

数字信任的价值在于可以在信任未知或信任薄弱环节中形成可信任的纽带，节约常规信任所需要的时间和成本。在一定范围、一定程度内加持商业信用，也可以在广域、高速的网络中建立零时差、零距离的认证工具，提高互联网的实际效率和运行的可靠性。进一步分析，数字信任可以解决我是谁、你是谁、所有权属于谁、指挥权和控制权归于谁的问

题，具有高效率、低成本的普惠性特征。

目前数字信任应用范围并不大，未来数字信任可以实现五个可信：数据可信、产权可信、授权可信、合约可信、法人可信，这将重构工业模式，实现价值链、供应链、指挥链的一体化；这也将重构金融模式，实现信息流、物流、资金流的一体化。

变局之二：立体并联可能跨越平面串联

都说世界是平的，传统的经济体系总体上属于平面串联的架构，大家熟悉的信息技术架构是大中心化、区域封闭式，熟悉的商业社会是市场主体各自独立、平面交互式，熟悉的信任机制是职权体系分裂割据的。

数字化技术的应用正在打造多维度立体并联，实现点对点、端对端的直接交互的架构，这可能会带来两大冲击。

一是冲击金融的中介地位。恰恰是平面交互的经济结构赋予了金融业至关重要的中介地位，包括信任中介、交易中介、支付中介。金融门类在于中介，中介是金融业的本源和财源，数字化的立体交互有可能产生弱中介、去中介的效应，从而冲击金融业的中介地位，例如区块链智能合约机制、人工智能的智能定价和智能撮合机制。未来的数字资产市场可能建立公平对等的、点对点的直接交易的机制，从而淡化中介，这种潜在去中介的趋势固然有利于降低全社会的交易成本、提高资源配置效率，但势必会吞噬传统金融的世袭领地，因此在数字化时代金融业必须创新。

二是构成重大的安全挑战。数字世界不再只是大中心的计算机系统和低速率的互联网络，而是中心化与分布式、多元复合的架构，是超规模、超高速的数字链接。过去成功运用于传统大集中数据库的安全技术和管理制度未必能够适应新的数字世界。在数字连接的经济社会中、人与人之间、人与物之间、物与物之间的空间距离和时间距离将趋近于零，这将提供更加广泛的便捷，也将带来更加直接的风险，我们迫切需要更新安全定义、安全技术、安全制度，构建一个全新的数字安全体系。

变局之三：数字货币可能形成“货币替代”

多个国家的中央银行早已启动法定数字货币的研发，我国试点中的法定数字货币采用中心化管理和间接发行的模式，采用“‘账户松耦合’+数字钱包”的方式，具有行政权威地位和脱网交易的优势，能够为公众提供可靠的货币和支付工具。当然现在仅在小范围试点，未来通过中等范围的试点后才有可能大规模地推广应用。在我国，微信支付、支付宝数字技术构建的以信任连接为纽带的移动支付和生活服务平台，突破了传统模式。微信支付、支付宝月活跃用户均在10亿左右，交易金额、交易笔数在全球移动支付平台中排名前两位。数字人民币最终能否取代微信支付和支付宝成为主要的支付工具，甚至发展成为全球性的数字货币，将由市场抉择。影响市场抉择的要素是运行是否更加可靠、使用是否更加便捷、流通成本是否更低，能否形成具有商业价值的经济规模。脸书等联合创始机构正在策划的数字货币Libra，应用联盟区块链的分布式对等架构建立端对端全球性交易平台，利用隐私计算技术保护数据安全，同时努力达到美国等西方国家的金融合规标准，承诺保持中心化的技术架构，承诺建立全网风险管理框架。

需要注意的是Libra创始机构已经拥有20多亿用户，所以一旦获得行政许可，就有可能迅速发展成全球性的数字货币系统，或将成为超越国家货币主权的货币代替，抑或成为超越商业银行的金融独角兽。Libra数字货币的基本依托是美元，所以也有可能成为数字经济时代美国继续推行美元货币霸权的工具。

数字化的变革是重大挑战也是重大机遇，必须顺应变局，培育全球性的竞争优势，这里从数字经济国家战略的高度谈三点认识。

（一）加快实现核心硬件和核心软件技术的自主自立

数字技术的平等是数字经济平等竞争的基石，即使是大国，经济闭环运行也必然会降低资源配置的效率、增加经济运行的总体成本并影响国民消费的品质。像中国这样一个大国，如果在关键技术领域受制于他人，一旦遭遇大面积封锁，就有可能造成经济失速，全球化的进程受阻。

因此，不仅在尖端硬件制造领域，还应该在核心软件开发领域尽快补齐短板，才有可能与西方发达国家真正建立平等互利的关系。

在技术创新的进程中，要更多地鼓励民营企业，重要的是给民营企业创造更加公平以及宽松的营商环境。

（二）加速推进数字货币研发

数字货币在未来的数字经济竞争中将处于核心地位，数字货币既可以在本国进行境内支付或者是跨境支付，又可以在其他国家进行境内支付或者是跨境支付。这固然有利于提高支付的效率，但对现行的国际货币体系和金融合规监管将会构成冲击。对发行数字货币的国家而言，数字货币的国际化将构成对货币政策设计和流动性控制的挑战。对被他国数字货币替代的国家而言，本国的主权货币地位将面临威胁，货币政策传导的效应将被削弱，金融的稳定性风险必将放大。因此有必要进一步完善我国法定数字货币的技术路径，完善底层技术架构和应用场景的设计。重要的是，有必要抓紧研究制定发行中国主导的全球性数字货币的可行路径和实施方案。

（三）加快构建穿透式的金融监管系统

金融业务的性质是用别人的钱做自己的生意。金融行业的特征是风险无时不在、无处不在。金融的社会属性是经济枢纽、百姓钱包，金融服务通常涉及资产方、负债方、委托方、管理方、审计方、中介方等不同的角色，必须达成多方实时、共享共管。

中国人民银行于2019年启动了金融科技创新监管试点，把区块链、大数据、人工智能等数字技术集成应用于建立数字化金融监管系统，试点范围初步覆盖9个省市多家金融机构。金融监管系统可以对错综复杂的数据组进行快速解耦合组合，可以共享多方监管数据，可以执行一致化的合规标准，可以通过数据挖掘释放数据的价值，可以自动生成监管报告和解决方案。据了解，该系统是中国人民银行数字化的金融监管系统，应该由金融监管部门共建共享，应该覆盖所有的金融机构，应该穿透不同领域的金融市场和金融业务，从而实现金融监管全流程、全方位的智能化，超越流程复杂、耗费资源的现场监管，降低监管的成本，也降低被监管的成本。我们相信中国有能力建设一个全球最优的数字化的金融体系。

如何有效应对中国的系统性金融风险

张　明

中国社会科学院金融研究所副所长、国家金融与发展实验室副主任

一、当前中国系统性金融风险的分布

第一类是企业债务风险，尤其是地方融资平台和地方国企的债务风险。在全球金融危机爆发之后至今的十多年里，中国国民杠杆率上升得很快。截至2020年三季度，中国的国民杠杆率，也就是国民债务占GDP的比例大概是270%，这其中的大头是企业债；非金融企业部门债务占GDP的比例大概是160%。

第二类是居民债务风险。在2008年全球金融危机爆发前，中国居民债务占GDP的比例仅为18%，到2019年年底，这一比例上升至62%。众所周知，中国居民加杠杆主要是为了买房。换言之，居民杠杆率问题与房地产相关风险紧密交织在一起。

第三类是地方政府债务风险，尤其是中西部的一些省份。地方政府的债务既有直接举债，也有对地方国企、地方融资

平台债务进行的各种显性和隐性的担保。根据官方数据，2020年，中国的总体政府债务占GDP的比例大概是50%左右，但是根据一些市场研究，如果算上地方政府的隐性债务，中国总体政府债务占GDP的比例大概在90%以上，已经超过国际警戒线标准。

第四类是中小金融机构风险。这些风险与他们过去表外资产累积的风险有关，也与他们的资本金与拨备不足有关。此外，最近这几年他们也承担了一些政策性贷款任务，这些贷款未来可能面临较高的违约风险。

二、为何有些领域金融风险有抬头的迹象

在我看来，这是四重冲击叠加的结果。

冲击之一是新冠肺炎疫情的暴发。新冠肺炎疫情在2020年年初暴发。在中国是一季度达到峰值，导致中国2020年一季度GDP增速萎缩了6.8%，二季度GDP增速反弹至3.2%，三季度进一步反弹至4.9%。尽管GDP增速显著反弹，但是依然低于经济潜在增速。疫情冲击不仅让宏观经济增长减速，而且对服务行业的中小企业产生了非常显著的负面影响。此外，疫情暴发、经济减速与企业利润下滑，也对地方政府财政收入造成了显著负面影响。

冲击之二是中美经贸摩擦以新的形式在演进。

冲击之三是中国经济潜在增速的下滑。从2007年到2019年，中国经济增速大致从12%上下降至6%左右，这背后的主要原因是潜在增速下滑。导致潜在增速下滑的原因，一是人口老龄化，二是中国经济增长的主引擎正由投资切换到消费，由第二产业切换到第三产业。

冲击之四是房地产调控政策的常态化与持续化。从2017年底2018年初起，房住不炒、因城施策的房地产调控政策已经成型，而且将会维持相当长的时间。这一政策取向在经历了中美经贸摩擦与新冠肺炎疫情暴发两轮外部冲击后岿然不动，已经扭转了很多市场参与者的预期。房地产调控政策的实施与常态化有助于遏制房地产泡沫继续膨胀。不过，房地产调控政

策的常态化，一是会加剧很多中小开发商的困难，二是会造成地方政府土地出让金收入下降，加剧地方政府的财政困难。

三、如何有效应对中国的系统性金融风险

我想先讲四点比较宏观的看法，然后再以最近的地方国企产业债违约事件为例，来分析如何具体处置相关风险。

从宏观方面来讲，要有效应对风险，至少应该做好以下四方面工作。

第一，我们要对风险进行新老划断，做到严控增量风险并且妥善处置存量风险。要严控新增金融风险，意味着我们必须要加强金融监管，来堵住过去存在的很多漏洞。其实从2017年开始，中国政府已经加强了对很多金融领域的监管。比如说开始挤压银行表外业务、迫使影子银行业务回表、敦促银行增加资本金与拨备等。但是金融监管在很多层面还需要进一步强化和巩固。对于存量风险，这是长期以来逐渐累积下来的，具有牵一发而动全身的特征，因此应该谨慎有序地加以消化。

第二，中国政府依然要对资本账户保持适当管制。我之前的研究指出，短期资本大规模流出很可能成为引爆中国金融系统性风险的扳机性因素。尤其是短期资本大规模流出与人民币汇率贬值预期相互加强形成恶性循环，可能会迫使货币当局不得不提高利率，而提高利率可能引爆系统性危机。保持适当的资本账户管制，使得“肉烂在锅里”，这就给了中国政府在国内处置危机与应对风险的闪转腾挪空间。

第三，我们要及时制订危机应对预案。无论我们采用什么样的措施来防控风险，但风险还是有爆发的概率。一旦系统性风险爆发甚至酿成危机，我们应该怎么应对？我觉得提前做好一些预案是非常必要的。否则等到金融机构爆发风险，我们临时再制订预案的话，就可能错过了最好的救助时机。因此，针对未来危机可能爆发的路径，量体裁衣地来做一些预案，比如说房地产泡沫破灭了该怎么办，中小金融机构未来违约加剧了该怎么办，

又比如说国企和地方融资平台债务集中违约了该怎么办，如此等等。有了这些预案之后，一旦发生负面情景，我们就可以根据预案来一一进行应对，这样就可以增强前瞻性和主动性。

第四，对于存量金融风险，我们应该采取稳妥、审慎的一揽子措施来进行消化，既要让风险逐步暴露出来，又要防止风险过快暴露造成雪崩效应，从而使得力图控制风险的政策本身成为引爆危机的导火索。我们要尽量避免陷入这样一个悖论或者怪圈。

那具体应该怎么来做呢？我想举个例子来说明，就是最近一系列地方国企产业债违约，应该如何应对。我想讲两个方面。一方面，从大面上来讲，让地方国企产业债打破刚性兑付，这对于促进中国债券市场健康发展，尤其是促进更加市场化的风险定价而言非常重要，应该及时推进。另一方面，要把握好打破刚性兑付与防范区域性系统性金融危机之间的平衡，避免地方国企产业债形成集体违约浪潮，甚至引爆区域性系统性风险。相应对策包括：一是要严厉打击某些企业的恶意逃废债行为，最近召开的金稳委会议可谓恰逢其时；二是要对违约国企管理层进行合理问责与追责；三是企业在宣布违约之前，要与主要债权人进行细致、坦诚的沟通，不能简单粗暴地直接宣布违约；四是央行在必要时应该对银行间市场与债券市场进行干预，以避免企业违约行为加剧流动性紧张；五是要提高企业违约处置的法制化市场化水平，在违约之后有序推进债务重组，保护债权人合理权益；六是要加强投资者教育，让机构投资者与个人投资者充分了解债券投资也可能是高风险投资，尤其是加杠杆投资于违约率较高的问题债券。

扩大需求一靠财政货币政策、二靠产品创新

苏　剑 ●●●

北京大学国民经济研究中心主任、北京外国经济学说研究会会长

金融风险与管理是现在世界各国面临的共同问题。虽然我们要谈的是金融风险，但实际上金融风险的根还是在实体经济，只有理解了金融风险的根源，才能搞清楚怎么去管理它。

现在世界各国的实体经济面临的问题一样，就是产能过剩，包括美国、欧洲各国、日本。在产能过剩背景下，现在世界各国采取的办法都是扩大需求。但扩大需求有两条思路，一条思路是大家都知道的财政政策和货币政策，这两个政策是世界各国都采取的宏观调控的主要政策，但是问题在于长期采用这两个政策会埋下金融危机的隐患，也就是说最近几十年来世界各国金融风险的到来，其实大都可以追究到财政政策和货币政策。

扩大需求的另外一条思路是产品创新。企业开发出新产品，用新产品扩大消费者的消费需求。新产品一般情况下刚上市的时候能够给消费者带来更大的便利，消费者愿意为这

些新产品支付高价。这意味着该消费对他们来说是更值得的，用经济学的术语来说，就是给消费者带来的效用比较高，因此这是优质的消费需求。消费者愿意支付的价格高，对企业来说就意味着收益率要高，企业生产它就可以赚比较高的收益，因此这个投资就是优质的投资。其结果就是开发新产品带来了优质的消费需求，同时也带来了优质的投资需求。

在这种情况下，随着销售额提高以及投资的收益率提高，经济出现金融危机的可能性就变小了。比如说现在利息率还是10%，但由于企业开发出新产品，新产品的收益率提高到了15%，这个时候就算是利息率加到14%，这个项目也不会亏损，它只不过是赚得少了，亏损出现的可能性要小一些。因此，银行出现不良贷款的可能性同样也要小一些，出现金融危机尤其是银行危机的可能性就要小一些。

金融风险从哪里来？其根源在于实体经济，再往深处看，还是经济中的产品创新不足。缺乏新产品的结果是经济衰退，各国央行为避免衰退，往往会采取扩张性货币政策，而投钱的结果就是货币超发——这些货币流到哪个市场，哪个市场就会出现剧烈的价格波动。在现代经济中，尤其是在产能过剩的经济中，金融风险的根源其实就在这里。因此，大家要管理风险，避免金融风险的出现，也该从这个角度来考虑问题。

要解决这个问题，第一，我们国家要设法开发新产品，有新产品才有优质的消费，有了优质的消费才会有消费者愿意付高价购买它，之后企业的投资收益率才比较高，才会有更高的净收益，这一笔贷款才不大可能成为烂账。第二，我们国家要想方设法降成本。降成本无非包括四个方面，第一个方面是提高本国的技术水平，第二个方面是减税，第三个方面是对外开放，尽可能利用全球物美价廉的原材料和能源，第四个方面是去杠杆。

关于信用债市场问题的思考

卢　骏

法国里昂商学院金融学副教授

关心新闻的朋友们都知道，2020年11月，中国的信用债市场受到了一次冲击，包括清华紫光、河南永煤、辽宁华晨等规模较大的地方性国企集中性地出现了违约。这次事件对信用债市场冲击较大，许多信用债投资者用“信仰崩塌”来形容这次债市的危机。很多人说这存在逃废债的行为，希望中央能够严惩。今天我们不谈逃废债，因为这是由监管机构、法律机构来认定的，就谈谈债务违约，这几个债务违约为什么会对信用债市场造成如此大的冲击呢？

我们国家的信用债市场自从2014年的超日债违约事件发生以后，已经开始逐步打破刚性兑付的预期，在2019年也出现过一拨比较大的民营企业的违约潮。为什么当时没有造成这么大的冲击，反而在2020年出现了危机？主要因为这次信用债市场发生违约的主体是大型地方国企，而以往的违约主体主要是一些民企，所以这次比较大规模的国企出现违约，就让信用债投资者产生比较大的恐慌。

从我们国家信用债市场的发展历程来看，它的历史相当短，也就是从21世纪开始。刚开始我们的债市发展比较粗放，没有什么特别的规章制度，也没有什么特别的评级机构进行评级。因为当时中国刚加入WTO，经济开始腾飞，所以虽然早期发债质量参差不齐，但随着经济的发展债务总是能够还上。

真正的问题出现在2008年的金融危机之后，为了应对金融危机，中国以及世界上许多国家都出台了大规模的刺激计划，这直接刺激了我国金融市场在各个方面的高速发展，包括信用债市场也是在这之后有了规模上的腾飞。大量的地方政府城投债应运而生，地方国企、民企都纷纷在信用债的市场上进行直接融资，我国的评级机构业务也因此有了很大发展。

我们国家的信用债市场，跟许多发达国家的市场不太一样，因为它诞生之初的目的，很大程度上是为地方政府、地方国企纾危解困的。所以可以看到，我国的信用债市场上，许多发债的主体实际处于资不抵债的状态。许多项目在发债之初，就已经知道这个债务永远都还不上，需要不停地以新债换旧债，来维续企业的运行。

这些发债主体很多是地方上的纳税大户，并且为地方提供大量就业，所以从地方政府的角度出发，这些企业必须延续下去。为此，地方政府也直接在债市以政府信用背书，本质上是为投资者提供了刚性兑付的预期，从而使这些城投债能够在整个市场上顺利发行。

那么我们可以看到，这样的市场不是纯粹地从企业质量出发进行债务定向的，很大程度上是出于为地方纾危解困的需要。即使如此，只要经济能够持续发展下去，债务能够持续性地以新换旧，那么信用的流动性还是可以维持下去。一直到2020年11月以前，这样的债市机制虽然比较脆弱，但依赖投资者对地方政府的信任，流动性还是能够得到维持。

然而，这样的债市有内在的结构性问题，债市的信用主体是扭曲的。从投资人的角度来说，对这个债务进行投资，信赖的不是发债主体本身，而是跟发债主体相捆绑的地方政府，依赖地方政府给债券进行背书的信用。

这就造成几个比较大的问题。第一个问题是以往在较发达国家的市场上，常用的经典信用分析手段在中国市场上是失效的。河南永煤违约事件发生后，很多人都说3A级别的地方国企都能债务违约了，然而熟悉信用债市场的人都知道，中国实际上所有债几乎都是2A级、3A级，这个评级根本不能够反映发债主体的质量。

信用债是否能还上，完全依赖于地方政府的信用，但实际上对地方政府信用的研究，这点在评级机构的报告里面是完全缺失的，事实上即使有这样的研究，也完全不可能展现在评级报告里。

第二个问题是所谓的逃废债的界定比较模糊。因为逃废债实际上是一个法律名词，但由于我们的信用债市场上信用主体本身难以界定，所以逃废债主体的界定也相当模糊，一旦信用债出现违约，就暴露出在如何追究责任方面存在盲点。

最后还有一个问题是国企出现违约的时候，往往会存在债主无法进行清算的问题。债券的投资者理论上拥有优先追诉权，应该能对企业存余的资产进行最高级别的追诉。但在目前情况下，债券投资者实际上根本无法做到这一点。

这几个问题导致整个信用债市场有先天性的不足，债券投资者手脚完全被捆住。当地方政府在一个公开市场上进行这种债务违约的操作，实际上是违背了其原有的承诺，严重妨碍了债务市场的正常运行，造成了非常恶劣的影响。

虽然说以往为风险定价也很难，但至少还维持着体面，但这一次的违约事件集体爆出之后，债权市场感觉再也没办法正常为风险定价，所以造成了信用债市场上短期内较为重大的危机。一时之间只有卖家，没有买家，市场冰冻，全市场债权的价格都出现了很大幅度的下降。

2020年11月下旬，在这几起集中违约事件之后不久，中央发布了一个公告，要求严惩逃废债行为。这个公告发布得非常及时，当信用债市场的信心受到打击之后，政府一定要进行介入，为市场重新注入信心。只有在投资者有信心愿意继续投资的情况下，这个市场才能够维系。如果不对主观债务违约进行一定的惩戒，那会助长债务违约的风气。

现在地方国企的信用债违约事件已经发生，以后该怎么办？从我跟债市上一些投资人的交流中，我发现他们对债务违约有一定心理准备。因为他们知道经济的发展总会进入速度相对变缓的时期，也可能受到内外部事件的冲击，不会像早年那样保持长期高速的发展。在经济增速变缓之后，以往的债务问题往往都会得到体现。虽然债券市场的投资人有一定心理准备，但为什么这一次会造成冲击呢？主要还是因为这一次的事件超出了预期。

从国家政策的角度来讲，我们可能需要进行一定的考虑，信用债市场最终发展的目的是什么？是像过往一样，主要是为地方企业、地方政府纾危解困，还是希望我们的债务市场能够成为一个正常融资的市场，能够正常为风险定价？

针对这两个不同的目的，所需要采取的举措可能不太一样。如果是前者，可能需要一定政策上的协调，比如对于还不上的债务如何进行债务重组，这样的问题需要更高层级的政府来介入进行协调。如果是后者，我们更希望这个市场能够市场化，能让风险定价，真正让市场作为主体起到作用。这需要在法律层面上对信用债进行更好的界定。地方政府能否完全从对地方企业的担保中脱离出来，或者说在评级中能否完全不考虑地方政府征信的影响，而单纯对发债主体进行信用评估，这是政策层面需要考虑的问题。

二 资本市场开放与人民币国际化

坚持资本市场的法治化、市场化原则

金融结构优化是金融服务新发展格局的重要基础

提高上市公司质量　促进资本市场健康发展

资本市场制度建设不能脱离国情的土壤

中国为什么要发展资本市场

进一步加强对融资者的监管和对投资者的保护

资本账户开放和人民币国际化探讨

坚持资本市场的法治化、市场化原则

高西庆

对外经济贸易大学法学院红天讲席教授，中国投资有限责任公司原副董事长、总经理兼首席投资官

2020年是中国资本市场建立30周年，30年来，中国资本市场不论是体量还是质量都有了巨大进步。30年前，深圳、上海两个交易所总共13家上市公司，市值20多亿元；而到2020年12月，有4000多家上市公司，总市值达到82万亿元。

过去30年，资本市场为中国的社会主义建设和人民福利增长筹资十几万亿元，仅IPO筹资3.6万亿元，IPO之外的各种方式筹资大概有15万亿元，这都是巨大的进步。虽然在这个过程中，我们也看到资本市场的发展并不是一帆风顺的。

恩格斯曾说过："我们不要过分陶醉于我们人类对自然界的胜利。对于每一次这样的胜利，自然界都会对我们进行报复。"虽然资本市场不是自然界，而是为人类改造自然界提供巨大可能性的一个工具，但是想通过这个工具取得任何成功，也是要付出一定代价的。所以在过去30年里，中国整个资本市场，不管是投资者方面，还是上市公司、证券公司，乃至

监管者方面，都出现了许多问题。30年了，我们如何看待资本市场，并对其发展过程加以反思，具有非常大的意义。

20世纪80年代末期、90年代初期的时候，在全社会的资本怎么配置、资金如何运用方面，遇到越来越多的问题。事实也证明，在不同的国度，不管是苏联还是中国，用原来的机制分配资源都碰到了相当大的问题，所以这个时候借鉴了资本主义社会合理的东西，以此来达到我们建设社会主义的目的。

30年的时间里，中国的资本市场从襁褓里的婴儿，一个只有十几家上市公司、几十亿市值的市场，发展到如今的规模，是全世界所有资本市场里发展最快的。其中各种因素共同作用，比如加入WTO等，使得中国在短短的30年里发展成全世界第二大经济体。

中国资本市场虽然有巨大的体量，但它对资源配置所起的作用还不够明显。资本市场是国民经济的晴雨表，这一点在中国资本市场里体现得也还不够明显，有人抱怨它有时不能反映实际。为什么会这样？有很多原因，其中最重要的一点是中国的资本市场还在发展中。依靠什么能够使资本市场起到更好的作用？在资本市场要建制度、不干预、零容忍，以及如证监会主席最近说的，要重视市场化原则、法治化原则。其实建制度就是坚持法治化原则，不干预就是坚持市场化原则。

在市场化原则的范围内，一味强调市场化会造成很多弊病。因此在市场失灵的情况下，政府应该有所作为，对市场失灵的部分进行监管。这里必须搞清一点，就是在考虑政府对市场失灵有所作为的时候，第一要义仍然是市场化的原则，这时的干预一定是基于市场化原则、法治化原则的干预。

那么市场化的原则是什么？大概率上，市场对任何波动都有自我调节的功能，但如果市场自我纠正过程较慢，引起一定的社会问题，政府就要做一定的干预。老子说“治大国如烹小鲜”，市场就是小鱼，处理时一定要非常小心谨慎。那么法治化原则是什么？就是政府在市场管理的过程中，首先要注意维持市场的良好运作，对违反市场原则的坏人坏事（即所谓的内幕交易、操纵市场等）进行监管。至于市场的资源配置问题，应该交给市场来管，市场自有规律及治理机构。

经过多年努力，资本市场终于到了一个新的阶段，即注册制的实施。在实施注册制的过程中，最重要的是把法治搞好。注册制所要求的是什么？最基本的就是强制性信息披露。只要有人信息披露作假，就要把他们绳之以法，一定要让所有在市场上作弊的人付出巨大代价。但约束这种行为仍然需要依据法治化原则，法律有大量的规则，不完整的地方可以进一步地补正。

为什么要有法治？就是要使市场的发展有可预测性，这是从事法律工作的人一再强调的。可预测性是整个市场最重要的原则之一，我做了什么事我知道会有什么样的结果。那么多人去市场投资，是因为他知道投资能得到什么利益。如果不按照法治化原则，而是按照某些聪明人的想法随时随地去做他们想做的事，就改变了市场的可预测性，使得参加市场的人没有办法根据已确定的规则去考虑问题、作决定，而是要想办法琢磨那些所谓的聪明人在考虑什么。

因为人存在各种各样的不确定性，今天吃得太多了、明天吃得少了，家里跟孩子生气了、跟老婆打架了，这些事情都可能造成对事情判断的失误。所以市场要有法治，而不是用聪明人、能干人的治理方式来管，这是非常重要的原则。我今天最重要的观点就是，市场化原则、法治化原则是资本市场最重要的原则，只要我们坚定不移地坚持这两个原则，中国资本市场的改革最终就一定能够取得成功。

金融结构优化是金融服务新发展格局的重要基础

屠光绍

十三届全国政协委员、上海交通大学上海高级金融学院执行理事

关于促进金融服务与实体经济有效循环，我想从金融角度具体分析。

一、金融在新发展格局中具有重要地位

新发展格局的要点是“新双循环”。所谓双循环，事实上从改革开放后就一直存在：十一届三中全会开启的国内改革，使国内市场经济发展成为国内循环；1980年中国建立经济特区，意味着加入了国际循环。当下的“新双循环”的“新”体现在三方面：循环主导之新，是以国内大循环为主导的双循环；循环阶段之新，是高质量发展阶段的双循环，与过去发展阶段的双循环完全不一样；循环层次之新，是更高开放水平的双循环。在这个新双循环的格局中，金融因其重要的特性与作用，在新发展格局中的地位变得更加重要。

循环的关键是畅通，资金资本供给要畅通。金融市场连接投融资，而金融活动贯穿经济循环全过程，金融服务又辐

射境内外两个市场。因此，畅通的动力是改革开放，是不断寻求新动力、不断改革开放，加大金融供给侧改革力度，加快金融开放步伐。

二、金融与实体经济的有效循环是新发展格局重要内容

从宏观而言，对于循环有很多考量指标和维度。循环首先要能很好地匹配供给和需求，其中一个很重要的内容是，金融供给与实体经济需求一定要形成有效循环，使实体经济在发展、产业升级、企业创新过程中获得有效的金融支持。

同样，对金融而言，这样的循环也很重要。因为，金融如果不能很好地满足实体经济需要，事实上就会导致金融资源的浪费和失效。所以，金融和实体经济应当共融共生，二者之间形成一种有效循环。

具体而言，金融服务、金融体系与实体经济的循环可分为六个层次。

1.社会融资体系与产业结构调整。

这是最宏观的层次。融资体系解决实体经济钱从哪里来的问题。经济发展过程中，产业结构不断调整。中国是制造业大国，在制造业的新发展阶段，先进制造业、战略性新兴产业、科技创新产业等显然是重点方向，而融资体系必须适应产业结构调整提出的新要求，在融资渠道、融资属性以及融资方式上进行完善。

2.金融服务形态与各类企业需求。

金融服务形态与金融市场、金融机构不能够完全打上等号，要注意金融形态满足不同需求的特征。比如普惠金融，如今不管是资本市场还是银行都在践行普惠，但实际上它还是更多为小微实体经济服务。又比如，跨境金融在全球资金流动中是常态，但对中国而言，跨境金融有其特定含义。中国金融市场逐步对外开放，但跨境金融形态又必须满足在用好境外金融资源和境内金融资源“走出去”的同时，防范好境外金融风险的输入。这种金融服务形态，伴随着我国金融的进一步开放，将会有越来越多的需求。

3.金融市场功能与资源配置效率。

金融市场的功能是配置金融资源，金融市场的价格引导资金的流向，以此引导实体经济、服务实体经济。具体到资金市场，其主要通过利率信号来引导，外汇市场的汇率对外向型经济主体而言是非常重要的信号，资本市场的股价和股价指数则发挥着“晴雨表”的作用。当然，金融市场的价格引导金融资源流动的效果，与金融市场的有效性和功能是密切相关的。

4.金融机构体系与服务供给渠道。

金融对实体经济的服务渠道主要都是由金融机构提供的。金融机构有很多类型，比如银行、保险、证券公司等。需要注意的是，过去有金融机构，包括一些小额贷款公司，像保理公司、担保公司、经营性租赁公司等，并没有牌照，主要通过地方政府根据国家监管部门的指导意见来管理，被称为“类金融机构”，它们实际上也是提供金融服务的渠道。当前，我们加快发展资金管理和理财机构，这是发展直接融资以及资本市场连接投融资非常重要的支撑。

5.金融产品工具与满足需求能力。

金融服务实体经济的载体是金融产品工具和服务方式，这两者都要求具备服务多样性、便捷性和安全性的特点。在此过程中，金融基础设施和金融科技发挥着重要作用。

6.金融政策和监管与经济运行。

金融政策与实体经济关系非常密切，事实上构成了大的金融环境，具体表现在货币政策紧松、宏观审慎监管效果、金融监管强弱等多个方面。实体经济发展需要稳定的金融环境，比如货币政策不能大起大落，要有稳定的预期。在疫情期间，有的国家采取极为宽松的货币政策，这应当是非常时期的非常态应对。如何变为常态？这个过程中实体经济运行环境会面临很大的不确定性，甚至出现大风险。

三、金融结构的优化是金融服务新发展格局的重要基础

金融和实体经济有效循环是新发展格局的重要内容。“打铁还需要自身硬”，金融结构要能不断自我完善，这样才能为实体经济提供更好的金融服务。关于金融结构优化，可从以下三个角度进行思考，他们之间也存在着内在联系。

1.社会融资结构。

合理的社会融资结构对于经济增长意义重大。然而，现在存在的问题是直接融资发展不够。在当前加快发展直接融资的环境下，如何有效促进股权融资的更快发展？而在资金的供给上和融资结构中，则需要形成更多的长期资金。

2.居民财富结构。

居民财富结构在整个金融体系中起着重要支撑作用。今后，中国的居民财富结构将呈现出几大趋势：首先，是从储蓄到非储蓄。这是因为，中国既要不断增加居民工资性收入，又要增加居民的财产性收入，而中国居民家庭财产性收入既有比例较低的问题，也存在结构不合理问题，因此，从储蓄变动到非储蓄是一个必然的过程。其次，居民的财富结构还会从实物资产向非实物资产转移。有统计显示，目前实物资产在城市居民财富家庭中的比重已超过80%，从实物资产到非实物资产，再到金融资产，这一变化已经开始出现。最后，上述两个变化将导致居民家庭的资产从单一资产转向多元配置。

3.资本市场结构。

资本市场首先是多层次市场结构。资本市场不只有公开市场，还有非公开市场；不只有两个证券交易所，还有新三板、股权交易中心、非公开市场，比如说私募股权市场。其次是企业结构。企业结构是观察资本市场功能最重要、最核心、最基础性的维度。企业结构中，企业既是融资的部

分，也是投资人投资主要标的。

社会融资结构、居民财富结构和资本市场结构是当下金融体系三个重要的基础性结构，他们三者之间形成了一种循环，即结构变动和动能循环。资本市场功能完善、覆盖面扩大、功能提升，一定会对居民财富结构改变有引领作用，如从过去的储蓄到非储蓄，从实物资产到金融资产，从单一到多元配置。而资本市场结构和功能的完善，规模的扩大，将促进社会融资结构的变动，向直接融资这一目标发展。

金融结构自身怎么变动，金融结构变动如何形成良性的动态循环，解决这些问题，将为金融服务实体经济，也为金融更好地服务企业新发展格局提供更坚实的基础。

提高上市公司质量 促进资本市场健康发展

宋志平

中国上市公司协会会长、中国企业改革与发展研究会会长

我想结合如何提高上市公司质量来促进资本市场的健康发展这样一个题目来跟大家交流。大家都知道，资本市场对整个金融市场来讲是牵一发而动全身的，而上市公司又是资本市场的基石和主体，上市公司的质量关系到资本市场，也关系到金融市场，所以上市公司的质量十分重要。

2020年10月，国务院印发《关于进一步提高上市公司质量的意见》。这是一个非常重要的文件，它系统地讲了如何提高上市公司的质量、为什么提高上市公司的质量以及一些要求。现在大家都在认真地学习，在落实这个文件。其实在2005年的时候，国务院就批转过证监会《关于提高上市公司质量的意见》的文件。时隔15年，我国的资本市场发生了巨大的变化，上市公司也增加了很多，情况发生了很大的变化，现在又印发这样一个文件，这个文件非常接地气，也非常结合今天上市公司的情况，我们现在都在学习。

从我来讲，到2020年12月我做中国上市公司协会的会长

已有一年半的时间，在这一年半里，我主要的工作是围绕如何提高上市公司的质量这个中心工作来展开的。今天就这个问题，我想跟大家交流一下。

一、我国上市公司为我国经济的发展作出了巨大的贡献

截止到2020年12月，我们国家的上市公司，也就是在沪深两市的上市公司，一共有4096家，总市值有77万亿元，占GDP的77%。上市30年以来，上市公司共募集16万亿元人民币的资金，累计分红8.36万亿元人民币。2019年一年上市公司分红了1.36万亿元人民币，占当年整个上市公司净利润的35%。作为上市公司这个群体来讲，创造的所得税，就是税收，占整个企业所得税的30%，实体经济上市公司创造的利润占到规模以上工业企业利润的40%。在中国的500强企业里，上市公司占到70%，最近出现了不少高市值的公司，现在超过千亿级市值的公司有125家。也就是说，我国上市公司从无到有、从小到大、从弱到强，这30年来确确实实发生了翻天覆地的变化，这些变化有力地支持了我们中国经济的发展。

上市公司的发展实际上既支持了国有企业的改革（到2020年12月，我们央企总资产的70%都在上市公司），也大力地支持了民营企业的发展（民营企业上市公司的家数占到60%以上，民营企业上市公司的总市值有32万亿元人民币）。上市公司也有力地支持了我们的创新，截止到现在，我们有191家科创板上市，科创板时间不长，募集了大量的资金，支持了我们的创新发展。也就是说，我们通过资本市场，通过企业上市，支持了国企的改革，支持了民企的发展，支持了我们企业的创新活动。所以上市公司对我们整个经济的发展，对企业的发展功不可没。除了这些数字，我觉得非常重要的一点就是，上市公司引入了现代企业制度，对我们整个国家公司治理水平的提高起到了非常重要的作用。30年前，我们的公司治理水平很低，但是随着上市公司的发展，不管是从产权制度，还是从董事会、监事会、经理层这样一个规范的公司结构方面，抑或是从信息披露、公开公平科学

的管理等方面，上市公司都促进了我们国家整个公司治理水平的提高，这也是非常大的一项成就。

当然我们在看到这些成绩的同时，也要看到不足。整体上来讲，就是我们的治理水平、运营质量和我们国家经济发展的要求还有距离。这就是为什么中央、国务院反复要求我们要提高上市公司质量的原因。尽管我们取得了很多的成绩，作出了很大的贡献，但是和新时代对上市公司的要求，还是有差距的。

二、强化上市公司的主体责任，提高上市公司的质量

刚才我说从资本市场来讲，上市公司是资本市场的基石，提高上市公司质量又是我们整个上市公司最核心的工作，上市公司如果质量不好，资本市场就好不起来，所以提高上市公司的质量就变成了我们的一个中心工作。这次国务院《关于进一步提高上市公司质量的意见》里，也有一大段专门对上市公司来讲如何强化主体责任，怎么提高上市公司质量这样的问题。其中讲到要诚实守信，要规范运作，要专注主业，要稳健经营，要不断地提高经营水平和发展质量。同时，上市公司的大股东、实际控制人等要公平地对待所有的股东。对上市公司来讲，在积极维护上市公司利益的同时，还要给投资者多分红，这些其实都是上市公司强化主体责任的具体内容。

在担任中国上市公司协会会长的一年半时间里，疫情之前我考察访问了30多家上市公司，疫情之后我又去了30多家上市公司，不光去了好的上市公司，也去了一般的上市公司和一些差的公司，跟上市公司的董事长面对面交流，也包括和一些出了问题的上市公司董事长进行深入的交流。总的来讲就是，没有调查研究就没有发言权。作为会长，我觉得提高上市公司的质量，就要了解这些上市公司，到底好在哪儿，到底差在哪儿，我们老说抓两头带中间，我们既要树立标杆榜样，也要促进后进，让它们能够

提高，这都是我们现在正在做的工作。通过这么多的走访、访谈，我觉得我们上市公司在运营质量和发展质量等方面，有几点其实是非常重要的，或者说我们不少上市公司出问题可能就因为忽略了这几点。

第一点，要突出主业。我发现不少出了问题的上市公司实际上是盲目扩张的。做企业我们一定要突出主业，要有核心的专长，不能什么都做，没有哪个企业是无所不能的，所以做企业一定要寻着主业，把自己的主业做好。过去我们叫敬畏专业，我们一定要敬畏专业，我们不是哪个都能做的。不少企业出了问题，实际上是由于盲目扩张或者入不敷出、铺摊子、大量借款。包括现在有一些企业，到期的债务承兑不了，这些问题实际上都出在主业不突出、过于分散、盲目扩张上。我觉得公司在整个运营和发展过程中，这是我们首先要注意的，到底我们是干什么的？我们会干什么？我们能干什么？要非常清晰。

第二点，要提高创新的质量。其实我们不少上市公司也都在创新，但是创新的质量不高，甚至有的公司在盲目地创新，打着创新的旗号去炒作概念，等等，最后一塌糊涂。我看到不少上市公司在创新这个问题上也出了问题，创新是非常重要的，但是要做有目的的创新、有效益的创新，不能盲目地创新，这一点我觉得非常重要。

第三点，要提高经营和管理的质量。实际上经营和管理是企业永恒的主题。从经营上来看，我们要特别重视现金流，尤其是经营活动现金流净额，它比账面利润还要关键。因为现金流是我们的血液，所以一定要把现金流经营好。从管理方面来看，非常重要的就是质量和成本，其实无论什么企业，质量和成本都是很关键的，这两件事情如果做不好，什么企业都会失败。这么多年来，我一直给大家讲，企业管理是我们的真功夫、硬功夫，对上市公司来讲尤其如此。上市公司是企业的优等生，优等生就得在基本功上要高过一般的企业，这个也非常重要。

第四点，要培养忠诚的客户。作为企业，要有核心的业务、核心的专长、核心的市场和核心的客户。而培养核心的客户至关重要，要为客户增加价值、创造价值。尤其是通过这次疫情，就特别能看出来，凡是有核心客户的企业就比较容易渡过难关，而没有核心客户的企业就比较困难。所以市场、客户非常重要，这个也是我们的基本功。做企业一定要为客户提供增值服务，一定要有忠诚的客户，当然也要对客户忠诚。

第五点，要细分市场、细分产品，要增加附加值。今天我们不少的行业都过剩，其实过剩也是市场经济的一个特点。市场经济有好的一面，就是竞争；但是也有另一面，就是引起过剩。过剩之后也不一定要离开这个行业，那怎么办呢？我们的企业绝大多数，要通过细分市场、细分产品而达到盈利，这是我们企业的一个基本功。我也是总给大家讲，做企业确确实实要做到细分化，我们说法国的面包，法国的面粉有100多种；日本的水泥，特种水泥也有100多种。所以我们不是没的做，其实我们还是有的做的，作为任何一家上市公司，我们在主业里面，要利用技术的进步和结构调整推出更多的产品，这是我们的硬功夫。

我刚才讲了五点，都是我们提高上市公司运营质量和发展质量非常重要的关键点，当然不限于这五点。我也在想，我们这么多的上市公司，有的做得非常好，这么多年分红分得也非常好。但是确确实实也有的出现了不少问题，真真正正说违纪违法的那是少数，绝大部分是出在经营不善上，就是出在运营质量和发展质量上。所以做企业，还要练好我们的基本功。

三、发挥合力共同打造健康的资本市场

我想无论政府、监管部门、上市公司，还是我们的投资者、老百姓，大家都希望有一个健康的、有韧性的、有活力的资本市场。要做这样的一个资本市场，有几点是非常重要的。

第一点，经济的基本面要好。应该看到，经过这场疫情，更能看出中

国经济的韧性和生命力。现在的中国经济虽然也遭受了疫情的打击，也有下行的压力，但与各国主要的经济体比较，还是风景这边独好，我们的经济展现出顽强的生命力。所以这一次也是对我们的一次大考，现在看来我们的经济在全球是佼佼者。从整个基本面来讲，我们是稳中向好、稳中有进，尤其是展望“十四五”时期，我们觉得更加有信心，中国经济的基本面是稳中向好的。

第二点，提高监管水平。从监管面上来看，中央提出“建制度，不干预，零容忍”九字方针。从证监会来讲，积极推进资本市场市场化、法治化和国际化。这些方针都非常好，也非常契合我们国家和资本市场上市公司的实际。“建制度”，就是要完善我们资本市场的各项制度。“不干预”，就是让资本市场市场化，让市场说话，像2020年年初的时候，当时围绕着疫情之后我们到底要不要如期开市，大家有不少的议论，最后政府还是如期开市，现在回过头来看，很平稳，也很好。关键在于不能动不动就用行政干预，而是要遵从市场化。我觉得不要小看这件事，这是非常大的一件事情，它极大地鼓舞了我们大家的信心。“零容忍”，就是说我们的制度是不可侵犯的，也就是“四个敬畏”“四条底线”，这是易主席在2019年5月11日会上讲的。“四个敬畏”就是敬畏市场、敬畏法治、敬畏专业、敬畏投资者，这是上市公司的初心、原则和立场。那“四条底线”是什么？“四条底线”就是不披露虚假信息、不从事内幕交易、不操纵股票价格、不损害上市公司利益。这就是我们上市公司的底线，底线就是红线，红线是不能触碰的，所以我们常讲有一些错误可以犯，有一些错误不能犯，那是一生一世的错误，像刚才讲的这四条底线都是触犯刑法的。新的《中华人民共和国证券法》（以下简称《证券法》）加大了对违规行为的处罚力度，让大家知道触碰红线是不可以的，所以这就是“零容忍”。“零容忍”，有规则，才能有好的市场。我觉得我们资本市场的自由，指的是在规则下的自由，首先我们得有一个严密的规则，在规则下我们尽情地“市场化”。对于“不干预”，对于扩大注册制，大家都非常高兴，确确实实这都是“市场化”的措施，但是如果我们的规则做不好，如果不遵守规则，那“不干预”和注册制也很难推行下去。“法治化”和“市场化”是连在一起的，不能分割，有“法治化”才能保证“市场化”。

第三点，提高上市公司的质量。最近上市公司协会开展了一系列的培训工作，因为2020年3月出台了新的《证券法》，10月出台了《关于进一步提高上市公司质量的意见》。这些文件都非常重要，要求也很严格，但怎么让我们上市公司的“董监高”，让大家能够知道这些东西？不少上市公司的“董监高”认为这些东西都是董秘和法律部的事，我说这首先是董事长这个掌门人的事，作为掌门人要知道新的《证券法》是适用于你的，不学习怎么能行呢？2019年，我们在线下培训了6000多名“董监高”等关键少数；2020年疫情期，我们在线上培训了1万多名上市公司的高管人员；最近我们又分片、点线面相结合给大家进行培训，就是学习、理解、提高对上市公司的认识，大家对号入座，怎么能够提高自己上市公司的质量，这个也是非常重要的。《关于进一步提高上市公司质量的意见》对上市公司协会的任务也提出了要求，要发挥上市公司协会的自律管理作用。以前我们讲得比较多的是自律，现在国务院又加上了管理，也就是面对这么多的上市公司不光要自律，还要予以管理，所以责任重大，当然使命也光荣。

4096家上市公司都涵盖于此，上市公司协会有责任帮助大家提高对上市公司质量方面的认识，这也是我们现在正在做的工作。应该看到，2019年到现在两年左右的时间，我们在上市公司这个层面做的工作已经获得大家的高度认可，同时在实践上已经迈开了提高上市公司质量的步伐。

第四点，要做好整个投资者生态方面的工作。要想让资本市场好，投资者也非常重要，大家知道，我们国家的投资者很有特点，我们有1.7亿开户者，其中机构投资者只有40万左右，这和西方发达国家有很大的不同，西方发达国家主要是机构投资人，散户不多，而我们是大量的散户。我们现在怎么做呢？一方面大力地发展机构投资者，这是我们现在正在做的工作。另一方面希望我们散户的资金能够更多地归拢到机构投资者，让这些成熟的投资者帮助大家去理财。对于广大的散户，我们要给予关心和保护。尤其是上市公司，要特别关注中小股东的利益，要保护大家的利益，这是上市公司的初心，也是良心和良知所在。拿了大家的钱，就要让大家分红，就要让大家能够分享我们上市公司的财富和成果，这是我们的良知。我总讲水能载舟也能覆舟，这水就是投资者——1.7亿个投资者，这舟就是4096家上市公司。上市公司实际上是靠投资者来支持的，所以我们必须服务于这些投资者，这个道理每一个上市公司的“董监高”都应该明白，我们要为投资者做好服务。

我也希望我们的媒体发挥合力，积极地在上市公司提高质量这些问题上多做一些正面宣传，多宣传一些优秀的、好的、高质量的上市公司，让他们做榜样，让所有的上市公司向他们学习，同时社会其他各类的公司也向这些优秀的上市公司学习，让他们做标杆来提高整个上市公司质量，提高全中国公司、企业的质量，进而提高资本市场整体运营水平，打造健康的资本市场。我对资本市场的健康发展充满信心，对未来也充满信心。

资本市场制度建设不能脱离国情的土壤

安青松

中国证券业协会党委书记、执行副会长

以上交所、深交所的开业为标志，我国资本市场走过了30年峥嵘岁月，制度建设是贯穿其中的主线。党的十九届四中全会将“加强资本市场基础制度建设”作为推进国家治理体系和能力现代化的工作部署重点。党的十九届五中全会提出的“十四五”规划建议中，将“全面实行股票发行注册制，建立常态化退市机制”作为提高直接融资比重的制度安排，彰显了制度建设在健全资本市场投融资功能、发挥资本市场枢纽作用中的重要意义。

三十而立，资本市场在制度建设中砥砺前行。1990年证券交易所的开业，开启了资本市场标准化建设的进程。开办证券交易所，标志着计划经济向市场经济转轨成为大势所趋；国营企业、私营企业向股份有限公司改制，成效显著；银行主导型金融体系与资本市场协同发展成为改革的方向。

2005年的股权分置改革迈出了资本市场规范化发展的脚步。从股权分置改革的成功可以得出三点启示：一是尊重市场规律，以分散决策形成价格发现机制；二是遵循金融属性，以预期收益平衡股东的利益；三是遵守法治原则，以规则公平保障协商机制有效。股权分置改革推动资本市场走向规范发展的康庄大道，构建起公司股东的共同利益基础，为私募市场和私募基金的发展、多层次市场体系的形成、金融期货及衍生品市场的建设打开了成长的空间。

2019年的注册制改革试点，推动了资本市场市场化建设的伟大实践。全面实施注册制的关键是建立发行人质量、发行价格以及节奏的市场化约束机制，但这需要跨越三道关口：一是发行价格与节奏如何从集中决策向分散决策转变；二是如何把好发行人质量的入口关；三是如何在投资端协同改革，为全面实施注册制提供支撑。

中介机构归位尽责，是机制设计的重要结点，也是形成分散决策机制的基础。从历史经验看，我国资本市场的制度建设离不开国情的土壤和中国的实际。比如，作为全球共同话题的公司治理，在中国的实践中需要将党的领导、《公司法》的规定、传统文化的影响和国际最佳实践四者有机结合；国际上通行的退市制度，在中国需要在维护社会稳定、保护中小投资者利益和不成熟的投资文化之间找到平衡点；资本市场的并购重组，需要在股权分置改革完成后的市场环境下，才能不断完善市场化制度安排，逐步发挥出企业兼并重组的主渠道作用。

站在新的发展方位，我国资本市场需要发挥好促进要素资源市场化配置的枢纽作用；不断提升证券行业服务高质量发展的适应性、竞争力和普惠性；推动科技、资本与实体经济高水平循环，更好地服务于双循环新发展格局。

中国为什么要发展资本市场

吴晓求

中国资本市场研究院院长、中国人民大学原副校长

第一，中国资本市场到2020年有30年的历史。在当时意识形态比较严峻的情况下，中国创设了沪深交易所。在30年前那样一个环境下，能够建立证券交易所，是一个伟大的创举，既要有智慧又要有胆量。

沪深交易所的创立，是中国资本市场的第一座丰碑。它是中国资本市场新征程的历史起点，推动中国金融进入了结构性变革的时代，开启了中国金融脱媒的进程。一个国家金融的现代化，其基础性的力量来自金融脱媒。没有金融脱媒就没有金融的现代化。金融脱媒的力量除了来自金融的自由化要求，也来自市场经济基础上人们收入不断增长的内在需求，因为人们收入水平提高后，会对财富管理提出多元化的要求。金融作为一种制度性供给，要不断满足社会日益多样化的金融需求，包括市场化的融资需求和财富管理需求。基于此，金融脱媒的趋势开始出现。

30年前的中国，当然还不具备金融脱媒的基础条件。30

年前，中国人的收入水平还非常低，扣除现期消费后的剩余收入并不多。资本市场的原生性动力来自收入提高后满足消费之后投资的需求，亦即财富管理的需求。30年前，我们还在为吃饱饭而努力。所以，当时历史的进程并没有严格按照脱媒的要求而展开。在中国，沪深交易所的创立，首先是要解决当时企业融资难的问题。中国资本市场的建立，历史起点来自融资需求，虽然从理论上说其逻辑起点来自脱媒，历史的起点与逻辑的起点在这里出现了脱节。正是这种脱节，导致中国资本市场出现了先天性缺陷，意味着未来要花很多时间去改革因基因缺陷而带来的制度、规则的缺陷，并努力使其朝着现代化、国际化标准迈进。

从1990年开始，运行了15年之后，我们发现，中国资本市场几乎没有什么发展。那时候内幕交易、操纵市场、虚假信息披露充斥着市场，那时的中国资本市场没有任何美誉度，既不创造财富，也不能推动科技创新、产业升级。大家都在分析原因在哪里？刚才我说了中国资本市场先天不足，历史起点和逻辑起点脱节了，我们必须把这些缺陷补上。研究发现，先天不足在制度上有一个重要特征，就是上市公司的股权设计中，70%左右的股份不能流通，30%（IPO部分）可以流通，我们把这种现象称为“股权分置”。股权分置是中国资本市场特殊的制度现象。在沪深交易所创立之初，要让国有股份流通起来是非常困难的，因为它通常与国有控股权以及国有资产流失联系在一起。所以，在当时，人们只能让发起人股份（其中80%是国有股）不流通，这个市场才能建起来。这是一种智慧。后来的实践表明，一家上市公司如果存在两类股东，一类股东的利益诉求来自资产的市场溢价或市值增长，另外一类股东的利益则来自高溢价增发，两类股东的利益从根本上发生了冲突，所以必须改革股权分置这种制度设计。

于是，2005年5月1日，开启了波澜壮阔的股权分置改革。股权分置是改革，是中国资本市场发展进程中的第二座丰碑。

在股权分置改革之前，我们也曾做过国有股减持的尝试，但并不成功。

因为2001年那次国有股减持，背离了资本市场的基本要求和基本规律。我们不可能让那些原来没有流动性的股份按市价流通，这违背了资本市场的契约精神。这次股权分置改革，吸收了国有股减持的教训，总指挥是黄菊副总理，负责具体实施的是尚福林主席和屠光绍副主席等，我本人有幸参与了几乎所有关于股权分置改革的政策讨论。

之所以说股权分置改革是第二座丰碑，是因为它在多重约束的情况下所做的创造性改革：其一，必须保持国有资本在上市公司的控股权；其二，必须保持国有资产在改革中保值增值；其三，不能让流通股东的利益受到损害。把这三者统一起来是非常困难的，但是我们做到了，我们找到了股权分置改革的理论基础，那就是对价理论。对价理论体现了资本市场的契约精神。经过艰苦的探索，到2007年3月，98%的上市公司完成了股权分置改革。股权分置改革是继沪深交易所创设之后中国资本市场的第二座丰碑，开启了中国资本市场制度规范的时代，上市公司的股权制度开始规范了，虽然市场上还存在诸如内幕交易、虚假信息披露等问题，但从股权流动性的制度平台来说，已经开始走向规范。

股权分置改革后，中国资本市场的规模迅速扩大，功能日益强大。在股权分置改革前，中国资本市场的总市值，包括不流通的那一部分加起来也只有3万亿元，其中流通的市值1万亿元，非流通的市值2万亿元。现在，总市值已经达到了80万亿元。市值的增长与股权分置改革有密切的关系。

从股权分置改革到2019年，有一个问题始终困扰着市场而没有解决：应由什么机制来决定公司的上市？股票发行如何定价？2019年，上海证券交易所推出科创板，并试行注册制。注册制改革解决了让什么样的企业上市以及如何进行定价的问题。2020年，深交所在上交所的基础上进一步推进注册制改革。注册制改革是中国资本市场发展的第三座丰碑，开启了中国资本市场市场化改革的新时代。

第二，经过30年两代人的努力，中国资本市场已经达到了80万亿元的规模，我们终于清楚，中国为什么要发展资本市场，以及资本市场在整个经济发展和金融改革中处于什么样的重要地位。这个理论上的“清楚”有两点重要含义。

一是意识到资本市场是现代金融体系的基石和基础，以前从未有过如此清晰而准确的认识。我在2000年写过一本书，其中谈到中国金融改革模式的战略选择，即在中国应构建市场主导型的金融体系，这个市场主导型就是资本市场，即构建以资本市场为主导、为基础的现代金融体系，这是未来中国金融改革的战略选择。到2020年，我们已经确立了这个目标。回望过去，几乎很少人赞成这种观点，他们认为这不太可能，因为中国的商业银行太强大了。我说，今天固然强大，但是未来一定要让中国的资本市场强大起来，因为资本市场有财富管理的功能，有分散风险的功能，现代金融体系最重要的功能是着眼于未来，而不是复制传统，更不是保护落后。以资本市场为基础的现代金融市场有这个功能。我们现在在理论上已经形成了资本市场是现代金融体系的基石的认知。

二是认识到资本市场是现代金融的枢纽。这是中共中央政治局在一次学习金融知识的会后公报上说的。正是基于这种正确的认识，我们才开启了注册制的改革。

第三，理论认识清楚了，三座丰碑也建立起来了，但是所有的努力都是为了什么？实际上，都是为了未来要构建一个新的国际金融中心这个目标。这与十九届五中全会所确立的到2035年要把中国建设成中等发达国家的目标是相匹配的。中国资本市场的未来目标是新的国际金融中心，也就是说要成为继纽约、伦敦之后第三个国际金融中心，其最重要的功能是人民币计价资产的交易中心。国务院2009年就已经明确，要把上海建设成新的国际金融中心，当时说是到2020年，现在看来实现这个目标的时间表要往后移了，但是，我确信，到2035年，中国资本市场一定能够成为新的国际金融中心。为此，我们要做很多深度的改革。简要说，要做好以下改革，才可能达到未来的目标：其一，要有坚实的法治基础和法治精神，依法治国。“法”是资本市场预期的基础，没有深入灵魂的法的理念，没有坚若磐石的法制，就没有预期机制。其二，要有契约精神，契约精神是资本市场的灵魂。其三，要有足够的市场透明度，透明度是资本市场的生命线。其四，要保护人民币的长期信用。这些都是未来中国资本市场要成为新的国际金融中心的软条件。为此，我们必须坚定不移地推进改革。

进一步加强对融资者的监管和对投资者的保护

贺 强

中央财经大学金融学院教授、证券期货研究所所长

20世纪90年代初，美国一位专家曾建议中国15年以内不要搞证券市场。但是为了加快改革开放的步伐，我国在1990年、1991年连续推出两家证券交易所。

虽然当时建立了证券交易所，但由于思想不够解放，有一些国际惯例的东西我们没有搞，有一些市场中不应该有的东西我们却加入了进来。比如当时规定，国有股不能流通，流通就是国有资产流失。又比如当时认为配股就是分红，市场热衷炒配股比例高的公司股票。现在看来，那时候有很多理念都是错误的。我当时就对股市有一个评价，叫作“可能是先天不足、基因缺损”。

经过30年发展，中国资本市场逐渐成熟，现在已到了而立之年。中国的资本市场从无到有，从小到大，风雨兼程走到现在，非常不容易。我们证券期货研究所有一组数据，从90年代初保留到现在，可以与现在的数据做对比。

我国的证券交易所建立之初有一个说法，上海老八股、

深圳老五股，在上海的上市公司中有4家公司被称作袖珍股，每一家公司的总股本只有50万股，规模很小。

我国到1991年才有整年的交易数据，上交所1990年上市股本的总额只有2.72亿股，市价总值29.43亿元，成交的金额是8.07亿元，上交所日成交最高金额是2845.39万元，而现在成交金额是几千亿甚至上万亿元。深交所当时上市的股本是3.57亿元，市价总值80.76亿元，全年累计成交金额是36亿元。但经过30年的砥砺前行，我国证券市场快速发展，规模不断扩大，从十几家发展到4000多家。截至2020年12月2日，沪深两市已经有4092家上市公司，上市公司总额7.3万亿股，市价总值73万亿元，成交金额112.93万亿元。从数字对比中可以看出，现在我国证券市场的规模已经非常大。

目前，中国证券市场处于世界前列，在未来的10年发展中，完全有可能超过美国纽交所。30年来，我国证券市场层次不断增加，结构逐步完善。证券市场经过30年的发展在不断变化。最早的股市只有个人在社会上公开购买的股票才能够流通和交易，所以当时叫作“个人流通股市场”。后来，引进了机构，交易范围扩大，我们又推出了B股、H股。因此，两家证券交易所的国内市场就叫“A股市场”。后来深交所推出了中小板，上海改称“主板市场”。接着，深交所又推出了创业板，当时我跟刘继鹏、吴晓求还参加过庆典。为了支持科技创新企业发展，2019年，我们在上海证券交易所又推出了科创板。可以看出，我国证券市场的发展是一个历史逐步演变的过程。

作为全国政协委员，我曾经在2010年、2011年连续给国务院办公厅和中国证监会写提案，主要是为了解决中小企业融资难的问题。我建议在中关村三板市场的基础上把它做大，做成全国统一的证券场外市场。2012年9月，国务院终于发了红头文件，要建立全国中小企业股转系统和股转公司，也就是现在的新三板。新三板的定位到底如何，我认为现在基本上应该属于场外市场的性质。多层次资本市场光有场内多层次是远远不够的，更重要的应该是场内与场外的多层次。

与此同时，我们的证券市场不断对外开放，在国内A股的基础上，我们还推出了B股、H股、S股、N股。为了不断扩大对外开放，我们又搞了沪港通、沪伦通、深港通等，现在资本市场的板块与种类已经非常丰富。

值得一提的是在30年的时间里，我国期货市场也获得了长足的发展。我给大家报告一个数据：商品期货的交易量早在几年前便达到了世界第一，交易规模不断扩大、不断发展。债券市场、金融衍生工具市场也出现大发展的趋势。我国已经初步建立起市场层次较多，结构逐步完善的多层次资本市场，这给市场增加了很大的弹性和韧性，有利于防范金融风险。

“十四五”期间，或者是在未来10年中，要想保证资本市场、证券市场健康发展，还要做很多方面的工作。我在全国政协连任了三届，到现在已经有14年的时间。我写的关于资本市场的提案有49个，内容都是针对资本市场中的问题进行分析，提出建议。

我国的资本市场还有很多方面需要改善、完善。今天我想讲一个非常重要的方面，就是在未来要想保证资本市场健康发展，最重要的是进一步加强对投资者利益的保护，特别是要保护广大中小散户的利益。根据登记结算公司提供的数据，截至2020年10月31日，我国证券市场投资者数量已经达到 1.746亿人，此数据是剔除死亡、睡眠账户后的。1.746亿人中绝大部分，或者说百分之九十几都是个人投资者、散户投资者。按照最基本的道理，机构也好、散户也罢，都是市场的投资者，他们买了股票就是上市公司的股东，作为投资者和股东应该共同分享上市公司的利润，这是天经地义的事情。但在目前的市场中，上市公司给投资者提供的利润有限，到现在为止投资者在市场中获取收益的主要方式还是通过炒作博取差价。问题在于，机构大户是有绝对优势的，当机构大户把博取差价作为主要收入来源时，如果不注意保护投资者的利益，特别是保护中小投资者的利益，那么中小散户必然变成“韭菜”，被不断收割。这种情况说明，我们的资本市场还不够健康。

另外，必须转变理念。市场的融资功能虽然很重要，但更加重要的是投资功能，没有投资就融不到资。融资者是用资人，是拿着别人的钱在花。投资者是出资人，他们是拿出了自己的真金白银交给了融资者的。如果投资者出了钱，却没有获得融资者提供的收益，甚至本钱都让融资者挥霍了，这是完全不合理的事情。因此不仅要加强对投资者的教育，更要加强对融资者的教育。应当进一步加强对融资者的监管，加强对投资者的保护，这是保证股市未来健康发展的重要方面。

应当强调，各国的证券法规都是以保护投资者利益为核心的，各国证券监管都是以保护投资者为主要任务的。我国的资本市场已经到了而立之年，未来要想进一步做大做强，就要创造一个投资者和融资者能够共赢的市场。因此，必须保护投资者的利益。

资本账户开放和人民币国际化探讨

盛松成[1]、管　涛[2]

1. 中欧国际工商学院教授、中国人民银行调查统计司原司长

2. 中银证券全球首席经济学家

张涛（主持人）：2019年到2020年初，有一段时间大家特别担心人民币贬值问题，但是从2020年5月、6月份开始，人民币换了一个方向，开始快速地升值。人民币的这种快速升值是一个短期的现象还是一个长期的现象？是不是说进入了所谓的升值周期？

管涛：首先关于最近人民币的升值，我认为到目前为止是一种正常的双向波动，很难说进入了所谓的新周期。为什么这么说？主要是这一波升值不论是持续的时间还是累积的幅度，相对来说比较有限。汇改以来，人民币上一次升值是2017年年初到2018年3月底，持续了15个月，累计升了10%；这一次到11月，6个月里升了9%，至少我们尚且没有把上一次作为一个升值周期来对待。

2020年由于疫情的冲击，全球经济出现了大的震荡。从年初到12月，国际货币基金组织公布的八种储备货币（美元、欧元、英镑、日元、加元、瑞郎、澳元、人民币）里，人民

币中间价的最大振幅排最后一名，收盘价的最大振幅排倒数第二。如果说人民币进入了新周期，那是不是意味着其他几种货币也都进入了新周期？这种说法值得商榷，关键要看你对周期怎么定义，这确实是一个很让人困惑的问题，由于汇率周期没有统一的定义，所以见仁见智。

那为什么我不认为现在是一个新周期呢？2020年5月之前大家对人民币汇率还很焦虑，认为人民币汇率有可能进一步贬值，而最近一段时间让人民币升值的所谓基本面的原因，实际上4月后已经发生了，但那时人民币还在继续贬值，5月底还创了12年来的新低，到9月以后人民币才开始升值。有人开始谈新周期。这意味着人民币的这一波升值不取决于基本面本身好坏，而是取决于市场。

由于我们的经济韧性强、底气足，所以人民币汇率没有大幅贬值的基础，但在内外部不确定性因素的影响下，有可能会产生波动。2021年别的国家复工复产后，我国订单转移效应会消退，防疫物资的需求也会减少。这种情况下，出口能不能保持超预期的快速增长，存在一定不确定性。

盛松成：我不认可人民币升值周期这一提法。因为所谓的周期也就是有比较长的一段时间是上升的，然后又会下降，这是经济周期的概念，所以用周期来形容人民币升值是不恰当的。同时，我判断人民币在长期甚至中长期都是升值趋势，所以，我倾向于人民币升值趋势这一提法。

这可以从以下几个方面来分析。

第一，汇率首先取决于经济。从长期看，只要经济发展得好，一国的货币大多是升值的。实际上我们已经明显感觉到，疫情期间我国的经济不仅恢复得比其他国家快，而且经济转型升级、结构调整等也在稳步推进，这是我国经济长期向好的基础。这一点基本上是共识，不仅是中国的共识，也是世界的共识。

第二，从购买力评价看，人民币汇率是被低估的，不仅现在被低估，以前也是被低估的。我要强调的是，我们的产业升级换代，产品质量、出口贸易从低端转移至中端，甚至是高端，这对汇率有相当大影响。并且，在我国向全球价值链的更高端迈进过程中，国内制造业的竞争力对人民币汇率升值的承受力逐渐提高，这也有助于释放人民币的升值压力。

第三，我国金融体系的改革与发展使人民币趋于升值。中国高度重视双向开放，我们采取负面清单的方法，欢迎各国金融机构到中国市场投资，这实际上也对人民币的长期升值趋势比较有利。

第四，人民币的国际化实际上也要求人民币汇率保持强势。当年不管是英镑还是美元，在成为世界货币的过程当中，都是强势货币，否则它们是成不了世界货币的。

张涛（主持人）：我们注意到，很多国际投行预测2021年人民币兑美元可能到6.2或者6.3的水平，不知道两位有没有一个预测？

管涛：我们的人民币汇率从1994年并轨以后是有管理的浮动，所以它没有真正市场意义上的阻力位、支撑位，那都是动态调整的。很多机构都是汇率下了一个台阶，破了一个关口，然后又调整一次预测，实际上这种预测对市场来讲没什么指导意义，就是随行就市。

盛松成：有人预测2021年人民币兑美元会破6.5，甚至有人预测6.2、6.3。刚才管涛老师说他不预测，我也不预测，这种预测意义并不大。你一次预测对了可能是巧合。但是从长期看，人民币汇率升值的趋势基本上是不可阻挡的。

张涛（主持人）：这种人民币升值现象，对中国经济有什么样的影响？我们应该怎么去应对？

管涛：人民币近期较快的升值对经济的影响有利有弊，需要具体问题具体分析。

易纲行长一再强调“要发挥汇率在宏观经济和国际收支平衡中的自动稳定器作用”。什么叫“自动稳定器作用”？就是在央行不干预的情况下，经常项目顺差，资本项目是逆差，汇率浮动负责价格出清，资本流动负责数量出清。当然资本是流入还是流出，不取决于人民币升值还是贬值，而是取决于经常项目的收支状况，这是一个稳定器。盛老师经常说，世界上没有任何汇率制度适合所有国家。其实质就是任何汇率选择都有利有弊。汇率在市场化的情况下，最大的问题就是容易出现超调，这是要注意的。

从中国具体情况来看，汇率通过两股力量影响经济：一个是金融的力量，一个是实体经济的力量。从金融方面来看，中国是世界上第二大的对外净债权国，即对外资产大于负债，但其中有3万多亿元是官方的国际储备资产（包括外汇储备、黄金储备）。如果把这一块去掉，民间部门对外资产并不多。所以，从民间部门来看，人民币升值有利于降低我们的对外净负债的负担。

那么中国怎么应对呢？有三个方面：

第一，要相信市场，让汇率发挥调节器、稳定器的作用；

第二，要进一步深化外汇管理体制的改革，使市场在汇率形成中发挥更大的作用；

第三，要进一步加快外汇市场的发展，通过一些手段为市场提供汇率避险的工具，以对冲汇率风险。

在汇率越来越灵活、有弹性的情况下，没有只涨不跌，也没有只跌不涨的货币。一个很有意思的现象是，2020年10月是人民币第5个月连续升值，但市场并没有出现追涨杀跌的情况。市场的售汇结汇的意愿下降，购汇的动机反而在增强，市场的汇率预期趋于收敛。大家可能会奇怪，人民币升得快不意味着升值压力大、升值预期强吗？但市场机制恰恰是汇率波动大以后，及时释放了升值的压力，避免了预期的积累。

2020年前5个月人民币贬值，6月以后开始升值，这种先抑后扬的走势对市场是一次生动的汇率风险教育。企业对于这种走势，需要采取主动的汇率风险管理措施，坚持低买高卖的原则，避免追涨杀跌；树立风险中性的意识，严格财务纪律，管理好汇率敞口、货币错配，主动增强汇率风险管理的意识和能力。从国际经验来看，面对汇率的波动，只有经济金融体系健康，才能够充分享受汇率浮动和资本流动带来的好处。

盛松成：在升值的过程当中，有弊有利。升值对出口是不利的，对进口是有利的，这是最表面的现象，里面还有更深层次的问题。如果人民币升值，我认为确实应该减少GDP增长对贸易顺差的依赖。双循环的战略定位实际上也说明了应该以内需为主。在这样的情况下，如果人民币升值带来了出口规模下降或增速下降，未必是坏事——它对进口一定是有利的。

我们还要看到一点，尽管我们也在不断创新和提升竞争力，但现在世界高端产品主要在西方国家，我们仍然需要国外先进的技术、资源。在这个过程当中，人民币升值未必是坏事，进口的增加并不是坏事。

最后我要强调一点，最好能够避免短期的大幅升值。汇率双向波动是既定的方针，但是短期大幅的升值可能不是很有利。企业往往希望汇率基本稳定，因为这样可以避免汇率波动的干扰，专注于企业的生产和经营，而不必过多判断汇率趋势。如果汇率大起大落，企业反而会利用汇率套利。

正因为这样，最近我国采取了两个措施：一是从2020年10月12日开始，把远期售汇业务的外汇风险准备金率从20%下调到零；二是将中间价的“逆周期调节因子”淡出使用。这两个措施非常好，一方面它本身就是一个市场化的改革，减少了政府干预痕迹。另一方面，对防止目前短期的人民币快速升值有利。

我们应正确理解上述两个措施。远期售汇业务的外汇风险准备金率从20%下调到零，不等于我们放弃了这个工具，如果以后有需要，还可以上调。还有中间价的逆周期调节因子也是，“淡出使用”这个词用得非常好，就是说我们逐渐地不使用或者目前不使用，但是需要的时候还是可以把它拿出来。我始终认为，国家对汇率的平稳是负有一定责任的，政府不能一点都不干预。

张涛（主持人）：2020年8月以来，盛老师也多次谈到一个问题，就是资本账户的双向开放。我注意到管涛老师也对这个问题有一定研究。究竟现在是不是资本账户双向开放的好时机？或者我们应该如何开放？请两位老师做一个深入探讨。

盛松成：以前讲资本账户开放，大部分的理解都是比较单向的，就是“走进来”。我国近年来出台的不少举措，也主要是对于“走进来”的。但我认为资本账户真正的开放应该是双向开放，也就是说不仅是应该鼓励“走进来”，在一定条件下也还可以“走出去”。

“811汇改”以后，由于人民币汇率的贬值，资本流出压力增加。我们对资本流出管制确实是比较严格的。举个例子，以前对外直接投资，5000美元以下的都不需要报批，但是2016年11月后，就改成了500万美元。我认为这在当时是合适的，但现在情况变了，应该有所调整。不少企业家都和我反映过这样的问题，比如，报批流程耽误了对外资源和能源的并购。

2020年以来，由于疫情，西方国家的企业，尤其是高新技术企业破产比较多，我认为这正是出去收购高新技术企业的良好时机，也可以避免“脱钩”。可是我们目前面临着“两头卡”的情况，不利于我们“走出去”。

商务部数据显示，2020年10月我国实际使用外资同比增长18.4%，达到118.3亿美元，连续7个月实现了同比增长，尤其是高新技术服务业。按照外汇局披露的初步数据，第三季度外来证券投资净流入超过700亿美元，对外投资是300亿美元。这么算下来，资本净流入大概是400亿美元。我认为，资本净流入如果是以FDI，也就是外商直接投资的形式，我们是欢迎的，但现在要防止短期投资资金的流入。

同时，我认为如果我们在当前的国际形势下，推进资本账户双向开放，将有两大长远的影响：其一是有利于消除跨国公司对资金进出的疑虑；其二是有利于我国主导新一轮的贸易自由化，尤其是服务贸易自由化。

最后我还想谈一点，资本账户开放与防范资本流动风险，实际上并不矛盾。因为资本账户双向开放是一项长期制度安排，并不意味着对短期资本流动不采取风险防范措施。一些国外做法可以供我们参考。比如，针对短期资本流入较快的情况，冰岛曾经在2016年，对部分流入外资收取高达75%的无息准备金；韩国在2011年开始对银行非存款外汇负债收取宏观审慎税，这个税率设计比较精妙，会随着时间的增加而降低。

我认为现在应该是资本账户双向开放，鼓励企业进行对外直接投资比较好的时间窗口。当然对风险进行管控也是需要的。我们鼓励企业对外直接投资，尤其是投向高新技术企业，而不是让他们拿钱去炒房地产、购买高档艺术品等。

管涛：不论是学术界还是实业界，不论是国内还是国际，对金融开放、人民币国际化都有不同的看法。我补充一些视角和观点。

第一，盛老师之前说到，强势的货币有利于支持一个国家的金融开放，利于本币“走出去”，这一点我同意；我提出另一个视角，强势的货币不等于汇率升值。

另外，中国在打造强势人民币政策上，各方面的条件也在逐步完善、具备。加快构建以国内大循环为主体、国内国际双循环相互促进的新发展格局，为中国可持续的开放、推动人民币“走出去”奠定了坚实的基础。

第二，通过这些年的实践，我们逐渐明确了宏观政策对内平衡优先的原则，特别是货币政策。2017年后随着人民币的回升，中国货币政策的独立性明显增强，央行基本退出了外汇市场的常态化干预，对内平衡优先为进一步推动开放提供了保障。

第三，“811汇改”以来中国不断完善市场化的汇率新增机制，汇率的灵活性、弹性明显增强，为坚持对内平衡优先的原则创造了条件。2018年以后，人民币对美元汇率多次承压、破7，但是央行仍然保持了货币政策的独立性。不管是央行还是外汇管理部门，再也没有启用资本外汇管制手段，而是用宏观审慎的措施来调节跨境资本流动。

第四，这一次疫情应对，其他主要经济体采取了空前的财政货币政策刺激措施，大水漫灌，但是中国坚持正常的财政货币政策。我认为将来要打造一个强势的人民币，要保持战略定力，把自己的事情做好，在这样的基础上，再来推动扩大开放、人民币国际化。

但我国的内外部还有很多不确定与不稳定的因素，在疫情大流行的环境下，全球范围内的低利率、宽流动性态势有可能会加剧资本流动冲击的风险。再加上目前国内开放的程度和国际相比还有一定差距，因此我们还有很多工作要做。

我国的资本市场要建制度、不干预、零容忍，不断地推进和完善资本市场的市场化、法治化、国际化的改革。宏观经济治理要不断完善，建立现代财税金融体制。这些对于进一步开放都是至关重要的，要和开放结合在一起，同步推进协调好。

人民币国际化自2009年启动试点以来，只要是外汇能做的，人民币基本都可以做，不存在政策上的障碍。那么根本上取决于什么？就是人民币是一个新兴的国际化货币，要有市场的认可和接受，有市场需求培育的过程，所以要低调、务实地推进人民币的国际化。

不论是稳慎地推进人民币的国际化，还是稳慎地推动中国人民币资本项目可兑换，实际上都不影响我国在时机成熟的时候创造条件，稳步实施、推进相关的进程。我国要把这种可持续、稳定的开放变成基本共识，这才有助于稳定市场的信心、吸引中长期的资本流动。

最近开放的很多金融市场的工具，都是典型的国际短期资本，不论是股票投资，还是债券投资。因为只要在二级市场上可以变现，就随时都可以换成人民币，然后再换成外汇。

盛松成：刚才管涛老师讲到，首先要做好国内的事情，才有利于资本账户开放和人民币国际化。我在这里再强调一下我长期以来始终坚持的一个观点：利率和汇率改革、资本账户开放和人民币国际化，应该是协调推进的过程，成熟一项，推进一项，而不存在先后的问题。

有一种理论叫“先内后外”，也就是必须利率、汇率市场化完全实现了，然后本币才能国际化。我认为在中国做到这一点是比较难的，也没有必要，而是应协调对内金融改革与对外金融开放相互之间的关系。

另外，现在大家还在讨论人民币的汇率是不是还需要做比较大的调整或者改革。我认为人民币汇率目前已基本实现了清洁浮动，常态化的干预实际上已经退出了。人民币对美元汇率日波动幅度已经扩大至 ± 2%，而由市场决定的汇率几乎没有触及 ± 2%，所以说“基本实现了清洁浮动”。我认为，目前没有必要宣布扩大这一波幅。如果轻易调整人民币汇率波幅，反而可能扰乱金融市场的预期。

对于汇率的弹性，我认为要一分为二地看待。汇率弹性增强，从长期看对国内货币政策和资本流动是有利的，但是汇率短期内大幅波动其实是有很多弊端的。我不太赞成“增强汇率弹性”这一提法，因为汇率弹性是市场行为，而不应该人为去增强它。中央银行不应该有意去增强汇率弹性，而应该交由市场来决定波动幅度。

所谓的资本账户双向开放，指的是应鼓励企业对外直接投资，也就是ODI，鼓励企业去收购高新技术和资源、能源。因为现在是比较好的时机：一方面国内外汇储备比较充裕；另一方面西方国家高新技术企业破产较多，也需要资金。出境投资高新技术实际上对国内的内循环是有帮助的。既然要双循环，那么资金也应该是双循环，如果资金单循环，只能进不能出，进来容易出去非常困难，这个对双循环是不利的。

张涛（主持人）：总的来说，管老师觉得资本账户开放要稳健一些，盛老师觉得现在就是好时机了。那我们现在要注意什么？

盛松成：我和管涛老师刚才都提到了，要非常警惕短期投资资金。

我刚才特别强调了鼓励进来的资金应该是长期资金。长期资金是长期留在国内的，不管是留在金融市场还是投向实体经济。即便投资金融市场，对股票、债券的投资是中长期的，实际上也是间接地支持了实体经济。

短期的投资资金还有一点非常麻烦，它很可能会扰乱国内的金融市场，扰乱市场预期，甚至引发羊群效应。这方面的风险应该充分考虑到，而不是门槛放得越低越好，进来的资金越多越好。

管涛：刚才盛老师说要对资本流入进行一些调节。我提供一个案例，2006年泰国为应对热钱流入、本币升值的冲击，在当年12月宣布对短期资本征收无息存款准备金。但是这个政策宣布第二天泰国股市大跌，第二天晚上泰国政府就取消了这个政策。这意味着什么？我们很多政策要在一个开放的市场环境下考虑，在设计一些政策的时候，得有通盘考虑。

现在为应对人民币升值压力，有一种说法是扩大资本流出。我同意盛老师提到的，支持有条件的、符合产业方向和有循环需要的企业海外并购。对于一些不当的投资，对实体经济、对提升国际竞争力没有帮助的，还是要予以限制并进行规范。

有一方面盛老师刚才没有谈到，就是也有人建议扩大其他方面的投资渠道。但我们要小心，要不要扩大对外投资渠道，实际上不仅仅取决于国际收支形势，还有其他很多配套条件。我们的市场主体有没有能力拿钱进行全球配置，应对全球投资风险？我们可以看到，这些年中国的一些对外投资损失案例都是幼稚的。关键是如果我们没有一个通盘考虑，现在就开放一些对外投资渠道，那么将来在形势逆转以后，这些可能都会变成我们资本集中流出的渠道。这在“811汇改”后有过教训。

前面讲的金融开放的问题。对我们改革派、市场派来说，如果坚持对外开放、扩大对外开放，关键是要保证尽量避免出现失误，特别是不要犯一些颠覆性的错误。从这个意义上来说，坚持稳中求进的总基调，有助于积小胜为大胜、凝聚改革共识，避免操之过急走回头路。

盛松成：中央提出“稳慎推进人民币国际化”是从战略高度进行考虑的。不是不推进，而是在具体的推进方法、措施上要深入地研究，要借鉴历史和国际、国内的经验。对外开放、稳慎推进，这些一定是我国的方向。

我想补充的一点，就是不能因为担心风险而缩手缩脚，太谨慎或者说应该推进的而不推进。为什么？有的时候改革是有时机的，过了时机也就没了，我们应该抓住时机。举个例子，存款利率市场化是在经济不那么热、大家不用抢存款的时候开放的，没有出现大的存款利率波动；但如果情况相反，存款利率可能立刻大幅上涨。这就叫作“窗口期”。

为什么特别强调现在是资本账户双向开放的有利时机？主要是考虑目前国际、国内的大环境，包括疫情的冲击、国内外经济的情况、国外企业的破产等。

我同意管涛老师刚才提到的，如果我们采取了一些开放的措施，一旦碰到危机，再往后缩是不可取的。但是，我说的开放门槛不要太低，是从现在就不要太低，不要现在放低门槛、出现危机了再提高。

另外，现在全世界大放水，美联储资产负债表已经从3.7万亿美元扩张到7.2万亿美元。美元可以全世界流动，所以这个时候我们就要比较小心，用“走出去”来抵销一部分“走进来”，当然“走进来”也要设置门槛。

管涛：我刚才确定了一下，盛老师所说的“500万元以上被约谈”作为一次性的措施已经取消了，所以能不能“走出去”，根本上不是政策上的约束，而是企业有没有能力把它配置出去。

2015年以前我们曾经有一个比较长时间的国际收支的双顺差，还有汇率的升值，那个时候支持企业海外并购，把外汇储备变成战略物资储备。但是据麦肯锡的调查，2005年到2015年将近10年时间，这些所谓海外战略物资的投资，就是能源并购项目，可能亏损面特别大，亏损额也很大。所以有没有这个能力，不完全取决于我国的国际收支形势和资本项目开放程度。

资本账户双向开放是一个制度性的安排，制度是中性的，很难通过制度来解决资本流入和流出的问题。所以中央提出来要坚持系统观念，要有通盘考虑，每个部门不能只谈自己的事，而要跟其他部门协调。

盛松成：首先，麦肯锡的统计是否全面、准确，应该打个问号。其次，企业“走出去”后亏损，和我们资本账户双向开放、允许它“走出去”是两回事。如果允许企业“走出去”，它亏损了，那是企业自己的事情。不能说不允许它“走出去”，就不存在亏损不亏损的问题。最后，“走出去”还有一个风险和分类的问题，是谁“走出去”?“走出去”做什么?如果有亏损，那么亏损以后可以总结经验，这对我们也是有利的。

管涛：我只是举这个例子，来说所谓的“窗口期”是不成立的。企业能不能“走出去”，有没有全球配置资源的能力，跟外汇形势好不好没有必然联系。但从历史经验来看，新兴市场发展中国家在刚开放的时候，如果突然拥有在全球配置资源的条件，就大举对外扩张，就会缺乏风控能力，可能会出现很多问题。

我们还是应该头脑冷静，并不是说不可以开放，而是要想一个比较稳妥的办法，尽量趋利避害。既要抓住机遇，又要避免引发系统性风险。从国际经验来看，海外投资损失了，不是一个简单的海外投资损失，有时候会对国内产生传染效应。比如在亚洲金融危机时，韩国就是大量海外负债造成了国内债务危机。同样，不少大的中资房地产企业海外发行高收益美元债，将来一旦债务链出现问题，也会传染到境内来。最怕的就是没有充分估计风险就大胆决策，有时候可能变成了冒险。

盛松成：我强调的是资本账户的双向开放，而不是不要风险管理。另外，国内投资也存在风险，比如最近我们信用债爆雷不少，但并不意味着国内投资就可以不要了。当然对国外投资要更谨慎。所以我认为，对外投资是企业行为，资本账户双向开放是政策措施，这是两回事，不应该混在一起。

管涛：关键取决于我们的资本账户双向开放。应当说，我们现在已经往双向开放走。只不过是开放到什么程度，肯定有很多约束条件，而不是完成式的、完全自由的双向开放。

三 科技创新与高质量发展

如何保持相对较高的全要素生产率增速

刘 俏

北京大学光华管理学院院长

刚刚结束的十九届五中全会，对未来的“十四五”规划给出了具体的建议。其中提到三个新，新发展阶段、新发展理念、新发展格局，这三个“新”应该是整个“十四五”规划的核心要义。

为什么这个时候提新发展阶段？科技创新跟它是什么关系？如果回归到经济学里面，用分析中国发展、中国模式最核心的索洛模型来看，可以发现经过40年高速发展，推动整个中国经济增长的三个要素——劳动力、资本、全要素生产率在发生急剧变化。在完成工业化进程之后，作为经济增长的一个重要动能，全要素生产率的增速已经在下降了。到21世纪的第二个10年，基本上已经下滑到2%左右，最近一段时间甚至降到了2%以内。

有人认为，我们可以通过技术的变化、技术革新，通过人工智能、大数据、新基建等，来继续保持全要素生产率的快速增长。我想大家对此可能是过于乐观了。因为索洛在20

世纪曾经讲过，大家对技术、全要素生产率的提升作用显然是过于高估的。

也有人说，中国可以在未来继续保持很高的增长率，比如我国有很高的储蓄率，同时城镇化率也在不断地提升，还有大量的投资机会。这种情况下，可以继续靠投资拉动的增长模式来推动中国经济高速增长。

但这里面也有几个跟过往的阶段不一样的地方，比如说现在人口老龄化加速到来，同时储蓄率不断下降。在过去40年，特别在最近的十几年时间里面，整个投资的效率，即投资资本收益率在下降。如果继续靠高投资来拉动经济增长，必然带来整个经济生活的高杠杆现象。所以这个要素本身，也值得商榷。

还有人讲消费成为整个增长的动能，未来可以靠消费来实现中国经济增长动能的转换。但这里面有很多需要去破题的关键点，比如说消费，需要先有收入，然而整个国民收入在国家、企业、个人之间的分配比例，并不利于消费的增长。2019年，整个GDP里面只有43.4%是真正的个人可支配收入。

这些合在一起就给我们一个启示，中国经济未来的发展不可能再依靠一个简单的财政政策、货币政策或者其他政策，它更主要是一种供给端的结构性改革。在整个“十四五”规划里面，甚至在规划2035年之前的经济社会工作的时候，我国提出新的发展阶段一个重要的背景，就是我国需要通过供给侧结构改革，把中国经济增长模式从过去高速增长转向高质量发展，这里面最大的一个背景因素就在于，中国需要去进一步维持相对比较高的全要素生产率增速。

我觉得我国有机会在未来的5到15年时间里面，继续保持比较高的全要素生产率增速。这里面有一些是中国特有的因素，有一些可能是这个历史阶段赋予我们的有利条件。我个人认为，基于以下四个因素，我们在未来的15年时间继续保持一个比较能持续的、比较健康的、高质量的增长是有可能的。

第一，就是再工业化。虽然说我们完成了工业化进程，但是随着消费互联网向产业互联网转型，我们具有了对大量的产业进行数字化转型的可能性，产业的数字化转型即再工业化过程，必然会给全要素生产率带来巨大的释放空间，这可能是我们特有的一个有利条件。

第二，就是新基建。它跟传统基建不一样，是为数字化转型提供基础设施服务的一些基础设施建设，它们在未来会带来大量的投资增长，以及全要素生产率提升的空间。

第三，中国经济结构与其他完成工业化进程的国家有不一样的地方，我们依然有全世界最大的制造业。未来随着制造业升级，如果我们保持一定的制造业的经济总量占比，就会带来大量的创新机会、技术进步的机会，那么它本身也有利于我们提升全要素生产率。

第四，回归到我们讲到的过去40年，中国经济社会发展最成功的一个要素，就是我们通过更彻底的、大胆的进一步改革，以及高质量的开放，给资源配置效率带来了巨大提升空间，它本身也有利于全要素生产率的提升。

所以，我们对中国未来保持一个比较高的增长速度是有信心的。全要素生产率的增速，有可能在完成了工业化竞争之后，还能保持一个相对比较高的速度。这可能是中国经济的另外一个奇迹，我把它叫“第二次奇迹”。

新的发展阶段需要高质量发展，高质量发展的具体体现是保持一个比较高的全要素生产率的增速。那么怎么去做这个事情？就科技创新本身，它在这个过程中的作用就凸显出来了。因为提升全要素生产率最重要、最可靠的方法还是创新，不管是技术方面的创新、科学方面的创新，还是机制、体制方面的创新。

未来还有几个关键点，比如消费、投资的效率问题；整个要素的自由流动对未来的创新，特别是科技创新的作用，都是值得思考的。

最后一个简单的结论：整个高质量发展的一个核心要义是我们需要不断地提升全要素生产率。我想，科技创新如果能围绕我们在经济社会发展过程中的关键点去破题，那么它就能够促进中国经济未来5~15年有一个高质量发展。

人工智能晶片的未来：企业的芯

郑光廷
香港科技大学工学院院长

一、微电子与集成电路

在谈人工智能晶片之前，我想谈一下集成电路与微电子这个大方向。集成电路与微电子是对推动全球创新而言，十分具有战略地位的一个技术领域。

首先，它是一个非常基础的领域，这代表做芯的长远科研非常重要。

其次，它的应用非常广泛，从机器人到消费电子、人工智能、汽车、航空航天、生物医学等等。如果在这方面能研发出好的晶片以及微电子的技术，对国家策略以及人类的影响将非常长远。

最后，它是一个人才密集的行业，高等教育必须扮演很重要的角色。同时它的门槛非常高，做短线是不行的，必须有长期的科研投入，长期经验及技术累积也是必需的。

美国专利商标局在微电子方面授予的专利份额显示出，

美国在这方面还是领先的，韩国、日本、中国大陆跟中国台湾都在这方面扮演一定的角色。

中国通过过去10到20年的投入也有一些好成绩，但还有很长的路要走，中国必须要在这方面继续投入。这个领域很广，今天我谈的内容主要专注在人工智能硬件方面。

大家已经看到，这些年，从交通到智慧城市、金融科技、医疗保健、教育，人工智能的应用无所不在。这些应用都是基于所谓的人工智能基础设施及技术的，包括人工视觉、机器学习、自然语言处理，而这些基础设施及技术的演算法又依赖于晶片与硬件平台。

二、智能硬件

晶片与硬件平台在过去5至10年的人工智能革命中，扮演着非常关键的角色。

这些年来，在某些领域，机器学习、人工智能演算法能达到的精度已超过一些重要应用所需要的精度，比如人脸辨识、目标测试、自然语言测试等。这些精度的进展主要依靠的是大数据，而大数据的计算需要大量的计算资源及能耗，所以，这样的精度进展并不是免费的，而是很昂贵的。不过，这些精度还需要更上一层楼，才能开创更多其他新的应用。

继续靠目前的演算法，就会需要大量的计算资源，而硬件资源是没有办法承载人工智能未来需要的精度成长的，所以必要的途径是设计新的硬件、新的晶片，让硬件和晶片更配合智能计算。简单讲，就是要改变这条曲线的斜率，使之能够通过比较少量的计算资源增加，达到更高的精度，这条路就是设计新人工智能晶片与硬件。

目前，人工智能计算的晶片大部分是依赖中央处理器和图形处理器。

这些处理器都是通用硬件，也就是写好的软件就在这些通用硬件上面来运行，使用通用硬件的灵活度很高。但问题是这些通用的处理器不是专门为人工智能的应用设计的。如果增加晶片的效能，我们就应该设计专用的、更高效的集成电路来配合人工智能的演算法。

在过去5年左右时间里，很多系统公司、应用公司都在走设计专用晶片这条路；而从10年前开始，苹果就自己在设计自己的处理器。当然，我们香港科技大学校友创立的大疆等，也在设计它们的人工视觉芯片，用在他们的无人机上。特斯拉也在设计自驾车专用的晶片，用于他们自己的自驾车上。

在每一个人工智能领域，系统公司都希望设计他们自己的专用晶片来提高其人工智能计算的速度及效能。事实上，不仅是大公司，小公司甚至应用公司、系统公司都希望介入这块领域，做专用晶片的设计。

三、人工智能的价值链

人工智能整个的价值链，涉及从应用到软件到硬件。

在应用方面，有各式各样的解决方案，比如在金融科技（Fintech）、教育、健康等方面需要的解决方案并不一样，而从市场角度而言是非常碎片化的，需要行业的定制化服务。

这些领域需要人工智能的支撑，所需要的演算法多半来自几家大的公司，比如谷歌、微软、百度，他们会提供算法的平台。

在过去，这些算法直接架在通用硬件上，比如中央处理器、图形处理器。这也是大厂提供的一些平台，比如Intel 、NVIDIA、AMD的中央处理器和图形处理器，当然这些晶片的制造基于标准的制程技术，像台积电、三星。我们刚刚谈到加速人工智能计算，产生了中间这一块专用晶片及加速器的市场，这块市场是新兴的，过去五年左右，有非常多的新兴公司，包括大型的国际企业也都加入其中，设计下一代的专用人工智能晶片，当中有无限机会。

四、人工智能 / 机器学习硬件面临的主要挑战

第一，做人工智能机器学习的算法，速度太慢。通常训练一个模型需要几天、几个星期，甚至几个月的时间。设计专用的晶片周期很长，同时也需要一个很大的团队，常常需要几百人，甚至几千人，而这经常意味着市场流失、能效偏低。

第二，在技术上面，真正的问题是存储墙的问题。在做计算时，计算体跟内存、跟储存都要沟通，它们沟通之间的速度没有办法赶上计算的本身所需要的速度，所以这个存储墙面临的挑战越来越大，这是必须解决的。

第三，做出来的模型，也就是机器学习出来的模型，数据量越来越大，难以存储分发。因此，解决这些问题的关键是设计下一代的人工智能晶片。

简单而言，就是要做得更快速、更节能。设计晶片能用小型的设计团队在几个月内完成，同时设计出来的晶片的用途也不是单一的，还能够扩大专用晶片用途来增加每个设计出来的晶片的市场。

五、下一代的人工智能所需要的技术

人工智能芯片与硬件所要做的是能做大规模、高效率的数据处理。人工智能演算法的特性是，数据量越来越大，计算量呈爆炸性增加，但在计算时，数据量的局部性却呈现下降趋势。因为数据量增加，每一个数据都要做计算，所以计算总量是爆炸性成长的。然而对每一笔数据所需要的计算，它的强度事实上是下降的。

打个比方，我们需要做的是一个像蚂蚁雄兵一样的晶片。有很多很小的计算体来处理大量计算。每一个计算体去处理一些数据，加起来处理的数量总和是巨大的。每一笔数据的计算强度很小，所以不需要去设计一台像狮子那么大的计算体，虽然它能力很强，但是叫狮子去做蚂蚁就能做的

事，就是杀鸡用牛刀了。

过去的计算处理器，都是以计算为中心，也就是要不断做计算，而用来做计算的数据是少量的。到了人工智能时代，数据成为主体，用以内存为中心的体系结构，才能处理大数据。以内存为中心的体系结构是未来晶片的新体系结构，也就是说，将以目前数据去服务计算的结构，变成以计算去服务数据的结构。

另外一个非常重要的趋势是，非易失性存储器会扮演更重要的角色。

在未来的人工智能晶片里，有很多的应用计算可以随时进行。当没有电或要暂时停止计算时，这个存储器能把目前的状况完全存下来，即使没有电，资料也不会流失。很多新兴存储器就是非易失性存储器，它在未来人工智能技术上扮演很重要的角色。

还有一个必须要提的是，在设计下一代的人工智能晶片硬件时，不只是做电路设计，也不只是做最先进的器件。它必须要把算法、器件、电路设计、芯片架构及系统架构整合起来做整体的考量，做协调一致的努力，以优化及提升效能。

如果设计的晶片要放在服务器、放在数据中心的计算系统里，它需要非常高的性能，这个高性能就是设计的主要考量标准。但是如果你的晶片是要放在移动端、放在传感器里面、放在物联网里面，那高能效就是主要的设计考量标准。这两类的晶片不可能用同样架构，也不可能用同样器件。第三类的功能，比如做深度学习、神经网络、神经形态计算系统，对这类的设计，规模的扩展性成为最主要的设计考量标准，对架构的考量远远超过对电路设计跟器件功能的考量。同时这类的设计更需要定制化。

在定制化前先要考虑使用的场景与使用的特性，然后才能进一步决定体系结构层次。另外，在器件上的考量也需要与需求架构配合，在这方面我刚才也提到，如何探索新兴非易失性存储器的适用性和高效的利用性，需要非常多的新兴存储技术来配合。

最后，我强调，设计下一代人工智能晶片内存储存器、计算处理器，还有它们彼此之间的互联，做到无缝的异构集成是非常重要的技术。这种集成本身就是一个多领域研究与技术。解决异构集成问题，绝对不能只靠单一领域的人或是专注做电路设计的人。

基于这样的需要，香港成立了香港智能晶片与系统研发中心。这是由香港科技大学领头，由美国斯坦福大学、美国伊利诺伊大学香槟分校、香港中文大学以及香港大学共同参与创立的一个智能晶片研发中心。

我们希望能够支撑无所不在的人工智能。将来人们穿的衣服、戴的戒指、戴的珠宝、戴的手表、跑步穿的鞋子等，所有的物联网器材都具有人工智能的功能。

满足这个愿景的晶片与硬件，第一，它要非常小；第二，它的性能与效能要比现在提升最少二至三个数量级以上。

另外一方面，因为它的应用这么广，它定制化要求这么高，我们必须要提高设计这类人工智能晶片的效率，缩短从设计到量产的时间，不然无法赶上市场的需求，设计成本也会过高。

达到这样的期望，智能晶片与系统研发中心大概有四大策略。

第一，将一些新兴的技术跟目前主流硅晶片做无缝集成。这些新兴的技术包括存储器技术、硅光子技术，就是Silicon Photonics技术，还有3D堆叠技术。这些技术结合目前硅、芯片的技术，让它们做有效的异类集成，这是未来人工智能必须坚持的一个方向。

第二，研发以内存为中心的晶片结构。

第三，发展人工智能设计自动化的工具与设计方法。我们一定要加快设计的速度，一定要有新的工具，也一定要有新的设计方法，来减少设计所需的人力和时间。

第四，算法与硬件的协同设计和协同优化。目前，在做人工智能和机器学习算法时，我们是把它写成软件，然后在通用硬件上面，比如中央处理器、图形处理器这些通用硬件平台上来测试。这样的效能是很低的。我们现在所发展的下一代人工智能晶片都是定制硬件加速器，让硬件来配合演算法跟人工智能计算的特性，这样能提供10至100倍可能优化的空间。

接下来，因为硬件也有瓶颈，手法完全有效配合算法，那么我们可以改变软件的算法，同一项工作可以用不同的算法去做。我们根据硬件上面的瓶颈，进而来调整软件。这样从硬件上面去定制软件，软件再来配合硬件的调整，又可以增加一至两个数量级的优化机会。

经过这样反复的优化，我们可以做出非常特制化的晶片，比如专门为计算机视觉做出来的晶片有一个结合演算法和硬件的加速器；在机器学习上面可以有一个特制化的加速器；在自然语言处理上面也可以有一个加速器，可以为我们提供二至四个数量级的优化空间，这就是我们做下一代人工智能的策略。

根据这样的一个想法，我们制定出目标、科研计划，组成了一个具有高度互补性且世界一流的专家团队，由超过25位世界级的教授专家及他们的科研团队构成。他们是不同领域的专家，有些是专门做电路设计的专家，有些是器件方面的专家，有些是算法方面的专家，有些是计算机体系结构的专家。我们会组织一个超过100人的团队，招收资深的研究人员、博士后、工程师，希望能够在这个领域作出更大的贡献，在人工智能晶片与硬件的设计上面，能有创新，做出更快速、更节能、更具拓展性，进而让小型的设计团队在很短时间内高效完成的设计。

尚且拥堵的碳赛道

张岸元
中信建投证券首席经济学家

对国内金融界来说，应对气候变化是看似熟悉、实则陌生的宏大命题。资本市场在短时期内集中交易2030年碳达峰、2060年碳中和预期，是危险的事情。投资者进入一个新领域，需要对相关事项有基本原理性认识，对拟议中技术路线产业化之经济性有大体定量的评估。毕竟此领域可供参照的成功商业案例尚不多见，即便是在应对气候变化政策最为激进、最为持续的欧洲，我们也没有看到碳交易有稳定可持续的发展，没有看到以减碳为主业的大型上市公司蓬勃成长。碳交易在财务上可持续自我循环的基础是配额、严格规则和监管。碳减排的关键在于技术进步与产业化，相关领域可能在相当长时期内难以发展成为独立行业，都要依附于现有其他产业的转型实现财务价值。

一、气候是否变化，变化方向是否是变暖

主流观点认可全球气候变暖说，并且强调变化的不可逆

性，尤其是演进的非线性。但与此同时，反对观点同样有立论基础。如果将观测区间放大至千年甚至更久，近百年气候变化则呈现出周期波动的特征。20世纪70年代，科学家从轨道周期变化规律出发提出的“变冷说”盛行一时。由“变冷说”转向“变暖说”是近几十年的事。麻省理工学院（MIT）气候专家Richard S. Lindzen认为，支持全球变暖的数据质量很差，在过去几十年中几乎看不到明显的趋势。全球变暖的速率也不稳定，研究表明，1998至2012年，全球年平均地面增温速率较之前明显放缓。

二、人类活动是否是气候变化的首要因素

以人类目前的认知水平，尚不能完全掌握气候变化的内在规律。联合国国际生态生命安全科学院院士龚巧玉认为，从地质学角度看气候变化，近百年气候的变化不过是地球历史气候变化的一个小插曲，地球不同地区温度冷暖变化±2℃是正常的。非政府间国际气候变化专门委员会（NIPCC）2008年和2009年的气候变化研究报告认为，是自然因素主导了气候变化，其中太阳活动的影响不可忽视。俄罗斯天文学家哈比卜拉·阿卜杜萨马托夫也持类似观点。他认为强烈的太阳辐射使得海洋表面温度增加，并产生大量二氧化碳，相比之下，人类活动产生的温室气体不值一提。

三、二氧化碳是否是罪魁祸首

日本东京工业大学教授丸山茂德认为，二氧化碳和气候变暖是两个不同问题。近百年来，地球气温呈现升高的趋势，但气温升高仅有0.5℃，不算异常。美国弗吉尼亚大学环境科学家S.弗雷德·辛格和哈德森研究所终身研究员丹尼斯·T.艾沃利认为，温室效应理论有无法自圆其说的地方。首先，二氧化碳的变化不能解释我们已知的气候变化；其次，温室效应不能解释最近的气温变化。中国科学院丁仲礼院士曾表示，人类活动排放二氧化碳引起的地球增暖，不足以改变气候自然变化的规律。丁院士还认为二

氧化碳同温度并非严格相关。

此外，除二氧化碳外，大气中还有一氧化二氮、甲烷、水汽等温室气体。从光辐射吸收能力和温室效应贡献来看，水汽远高于二氧化碳，甲烷的单位气体温室效应是二氧化碳的28倍，一氧化二氮是二氧化碳的265倍。

四、究竟应采取何种措施逆转气候变暖

有研究称，二氧化碳浓度增加导致的气候变化在停止排放后的千年内依然不可逆，气候很难人为地去平衡。基于此，有人提出应实施大规模的地球工程，对全球气候实施系统人工干预，部分科学家将此视为拯救人类的最后手段。

根据作用机理不同，地球工程技术可以分为碳移除和太阳辐射管理两大类。碳移除是通过生物、物理或化学的方法移除或转化大气中的二氧化碳，降低大气中温室气体浓度，主要技术有造林和森林生态系统恢复、碳捕集与封存、提高土壤碳含量、海洋碱化、直接空气捕获和存储（DAC）、海洋施肥等。太阳辐射管理不减少大气中二氧化碳含量，而是通过减少到达地面的太阳辐射量来缓解地球升温，具体方法包括平流层气溶胶注射（SAI）、陆地或水面上空云改造、表面反照率修改等。

以上地球工程都处在概念探讨阶段，多数科学家对其成熟度、有效性、经济成本、外部性等持保留态度，担忧可能会带来不可预知的风险。

五、气候变化对我国的利弊影响究竟如何

当前国内学术界对此鲜有深入探讨。此前研究的基本观点是，较高气温似乎更有利于中华文明的发展。著名气象学家竺可桢于1972年发表的《中国近五千年来气候变迁的初步研究》一文是相关领域扛鼎之作。他根据历史和考古发掘材料，论证我国在近五千年中的最初两千年，即从仰韶文化时代到河南安阳殷墟时代，年平均温度比现在高2摄氏度左右。在这以

后，年平均温度有2–3摄氏度的摆动。

中科院地球环境研究所刘禹等学者于2009年发表在《中国科学》上的论文指出，在过去2485年里，中国绝大部分朝代的灭亡都与该温度序列的低温时期相对应，主要原因是低温会导致粮食歉收，从而引发农民起义和战争。寒冷时期，草原牧场的南移会导致北方游牧民族的入侵和南迁。近年来，网络上甚至有报道，我国西北地区由于全球气候变化出现了某些区域降雨量增多现象，这显然是一般观点所乐见的。

虽然我们不能基于气温和农牧业产出之间的正向关系得出气候变化有利于我国的判断，但也不能在没有系统研究之前，持反向观点。

六、是否确定“紧平衡”的碳排放基数配额

放任人类温室气体排放的后果存在不确定性，但支持者描述的场景是毁灭性的。因此，实现人类活动的“气候中性”，即无论气候如何变化、因何变化，人类活动都不应成为其因素，就成为各方接受度较高的政策目标。人类命运共同体的理念，要求我国在此领域采取强有力行动。

碳排放权也是发展权。欠发达经济体在工业化城镇化过程中需要排放大量温室气体，发达经济体人均碳排放水平更是远远超过不发达经济体。过往多年，国际间围绕碳排放究竟应考察单位GDP排放强度、人均排放量，还是累计排放量，争论不休。2020年年底以来，我国与美日欧等发达经济体在应对气候变化方面有了价值观层面的新共鸣，应对气候变化“十四五”规划正待出台。预计相关规划将会在我国发展水平、发展阶段现实，与命运共同体理念之间反复权衡。

在现有碳交易的机制中，配额交易的政策效果最为显著，也是最能发挥我国体制优势的方式。如果给定一个紧平衡的配额基数，借助我国制度优势、行政优势，按照地区、行业、市场主体分解指标，严格统计、测算、监管，市场交易能够瞬间激活。配额价格将取决于减排成本（主要由技术决

定）和市场供求关系（主要由配额是否充裕决定）。有了严格配额管理，减排及自愿减排将获得新的经济性，减排行为本身将获得准确定价，而不仅仅是换取资金的机制。这将是“3060”目标与以往节能减排、绿色发展政策最大的不同点。

与此前排污权管理类似，二氧化碳排放配额管理在执行层面的难度显而易见，涉及测算、监测、统计、簿计等方方面面。我国在2017年，就曾暂停温室气体自愿减排的备案申请。2020年年底以来，相关领域基础设施和基础制度建设开始显著提速。

七、是否在产业层面出台存量调整政策

以新能源汽车领域为例，过往多年我国在该领域的政策是“立新”，即通过补贴等促进行业快速发展。但对传统燃油车一直没有“除旧”，即出台强有力的限制措施。目前，英国、多数欧盟国家以及日本都确定了传统燃油车退出新车销售市场的准确时间点，从2030年到2035年不等。“十四五”相关产业规划中，我国是否也会以此为参照，给出传统燃油车禁售确定时间点，值得密切关注。

两年前，国内新能源汽车生产企业曾以两会提案的方式推动该事项，由于多种原因未果。2021年若推出该时间点，将给诸多行业带来颠覆性影响。如：燃油车集中报废、退出使用，将导致汽油柴油消费断崖式下跌、炼油装置大量闲置；车用中小汽柴油机、变速器、传动、尾气排放控制等产业链生命周期大大缩短。当然，该举措对于提升中国能源安全的意义重大。石油消耗过程中，约60%用作“能量方向”，包括汽油、柴油、航空煤油、船用柴油重油等；其他约40%用于“物质方向”，包括乙烯等化工原料。燃油车禁售，理论上最多将使得我国石油消耗下降60%，进而实现石油自给，摆脱对海外进口的依赖。

新能源汽车领域谁将胜出是个问题。传统汽车厂商多年来的资金实力、

技术积累和储备、渠道优势，不是造车新势力所能望其项背的。此前，传统厂商之所以没有在新能源汽车领域全面发力，主要是基于商业考虑，如较低的油价、现有生产装置利用等。一旦燃油车禁售政策予以明确，传统车企会迅速转型，一些造车新势力恐难有容身之地。事实上，2020年下半年以来，在欧洲市场，大众、甚至法国雷诺的新能源汽车销售都已经超过了特斯拉。汽车不是手机。整车代工贴牌是取巧的做法，以此为基础的高估值，会有去伪存真的过程，目前海外市场相关板块已经大幅调整。

八、部分行业应有更大作为

电力、钢铁、石化、化工、建材、有色、造纸、航空等行业是减排的主力。多年来，这些行业在绿色发展方面有持续进展。既然提出碳达峰、碳中和目标，就要在原有政策基础上有新的增量，推动行业超越现有举措，实施减碳。或许在火电等二氧化碳气体浓度较高的排放点，运用现有技术，大规模发展碳捕捉、碳封存、碳利用，这是重要切入点。规模化生猪养殖的甲烷、一氧化二氮，也具备集中转化条件。此外，金融等第三产业，则应围绕运营、融资、供应链三大环节确定更为积极的碳中和目标。

以碳中和应对气候变化，在科学上、技术上、工程上尚存在模糊之处。但以能源转换为切入点，实现产业变革，从供给侧推动我国经济高质量发展，有其必要性和可行性。这一过程中，锁定配额、明确规则、创新技术三者缺一不可。

中国是全球制造业第一大国

盛希泰

洪泰基金创始人、洪泰集团董事长

2020年，全球已经开启新的合作角逐赛。全球经济在第三季度已经明显回弹。其中中国非常提气，应该是唯一一个实现正增长的主要经济体。

首先从第二季度开始，高技术产业反弹，也充分说明过去一二十年，中国在技术方面的投入已经开花结果，第三季度传统工业强势反弹。内需持续强劲，“双十一”勾勒了一个非常好的前景，成交额再创新高，其中天猫4982亿元，比2019年同期增长26%。从线下直营工厂，到各个县市的特色商家和全球的知名品牌，再到物流快递行业自建底层交易系统的支持，都有非常大的提升。

这次疫情期间的“双十一”，对整个地方经济的发展来说是一个非常好的助推器，总共有1400个县参与其中，占全国县市总数的60%，有38万贫困县的卖家参与“双十一”线上营销。其实中国现在有一个特殊的底层平台，就是中国的物流体系。我觉得物流体系是中国的一个“核武器”，其他国家要想追赶，最起码需要10年时间。如果你到国外去生活，就会感受到在中国是何等方便。像京东、阿里菜鸟物流，以及其他四大物流体系，是中国非常大的一个物流平台。

对外贸易也很提气，2020年以来整个出口贸易大幅度提升，充分证明了中国作为全球制造业第一大国，生产的产品很受欢迎。有一个数据非常惊人，就是2020年，中国的贸易量占全球贸易量的20%以上，这个数据其实对美国和西方国家来讲都是一个很大的震撼。

另外一个就是证券化率，中国证券化率与西方发达国家相比是较低的。2020年，除了瑞典，中国和美国提升速度是比较快的。

在环境、政策以及信心方面，全球对中国的兴趣不但没有下降，反而提升了。2019年之前，所谓的撤资这种说法一直甚嚣尘上，但统计数据显示，90%的欧洲企业从来没考虑过从中国撤资。外资对中国并购的金额，10年以来第一次超过中国对外的并购金额，这个数据也非常说明问题。其实这是一个非常好的反转，疫情对中国整个体系是一个很好的测试。

每一次危机都是最好的机会，我从以下方面进行解读。

从中国经济大的环境看，中国在不同场合不断强调要持续改革开放。如果按照现在的预测，2020年，中国经济总量会达到美国的71%，2021年会达到75%以上。我觉得2021年中国的经济总量可能接近美国的80%，这个数据是非常不可思议的。

最近特别提气的事情就是中国参与其中的《区域全面伙伴关系协定》（RCEP）。毫无疑问，以经济增长来讲，中国肯定占据主导地位。中国原来跟东盟、日本、韩国都分别有贸易协定，现在这些国家组织在了一起，是非常重要的一个变量。

RCEP区域人口22亿，经济总量占全球的30%，贸易总量占全球的28%，都超过北美自由贸易协定和跨太平洋伙伴关系协定。我认为这是中国2020年以来最伟大的外交成就。原来美国是科技比较牛、产品比较牛，从中国赚了钱回去之后，又持续投入高科技，持续盈利，持续良性循环。如果失去了中国的市场，美国就不可能有那么多的钱搞科技，这可能使美国的技术落后；相反，中国可能自己会增加科技投入。

中国在上市融资和股权投资方面分别有2倍到4倍的增长。如果这个投资持续10年，意味着什么？一方面美国的良性循环被打断，另一方面中国的良性循环得到提升，如此一来整个中国未来10年科技的进步是非常可观的。

推出注册制，这是一个非常好的历史机遇。过去很多年，我们很多企业去美国上市，独角兽企业都出去了。科创板注册制推出，这是一个非常伟大的进步，会使中国优秀的企业留在中国。

资本量化了企业价值，企业价值更代表了时代的选择，2010年到2019年这10年是移动互联网进步最快的10年，也是人类历史上进步最快的10年。2010年全球十大上市公司，中国有中国石油，排名第一，还有中国工商银行和中国建设银行，2019年的时候除了强生和摩根大通，还有巴菲特的公司伯克希尔-撒韦公司，很大比重是互联网公司。这个变迁非常说明问题，更让人感到需要正视的就是2020年和2019年的名单比较，特斯拉和台积电取代了强生和摩根大通，前八位没有改变、互联网公司没有改变，这种改变说明什么呢？特斯拉和台积电取代了强生和摩根大通，代表硬科技强势登场，这是世界发展的潮流，也是中国发展的潮流，在历史上是第一次。

科创板引领中国硬科技企业的发展，科技含量与VC/PE的渗透率呈正相关，这个论证很重要。科创板自开通以来，85%的科创板企业有VC/PE的渗透，其中像半导体芯片、生物医药，几乎是百分之百的渗透率。到2020年12月，科创板的上市公司接近200家，其中涉及信息技术的占了40%，涉及生物医药和高端装备制造的分别占了20%，这个方向基本就是未来10年科技企业创新的方向，也是投资的方向。

数字化转型。中国已经成为世界数字经济的发动机，体量是非常不可思议的，因为中国有9亿多网民，有不止15亿部的手机。2025年，中国的数据量应该达到48.6ZB，海量的数据已经成为中国数字化浪潮构建、其他国家无法匹敌的技术动力，硬件是引擎，数据是燃料，这对中国来讲尤其重要。在新时代的一个制高点，就是中国人从来就喜欢发短信，有微信之后发微信，从来不喜欢用邮件，而西方国家平均5分钟看一次邮件，中国人平均2分钟看一次手机，这种数据的产生能力是不可思议的。其中移动支付，中国移动支付的体量是美国的100倍，移动支付的发展，沉淀了大量的资金流的数据。网购数据是很不可思议的，基本上65%的“90后”每天都会网购。网购数据提供的消费者画像也是前所未有的，在全世界也是独一无二的清晰。

因为人群的变化，所以要读懂这个时代、读懂未来。1990年到2010年出生的中国人有3.7亿，他们的消费习惯代表中国的未来，有很多概念是“60后”“70后”“80后”根本没办法想象的。像潮玩经济、颜值经济，尤其是养生经济等概念是很不可思议的，“90后”的消费量超过其他任何年代出生人群的消费量。但是存在即是真理，事实摆在这里。

圈层。中国有14亿人口，不管是创业还是投资，只站在自己的圈层看世界是没有希望的，如果以为自己的圈层就代表中国，那就错了。中国有全球最大的消费品市场，中国的消费者为每个层次的品牌都提供了充足的成长空间，消费人群是中国经济最大的动力。

以后的红利，是“三新经济”（新产业、新业态、新商业）释放的澎湃动力。新的工作方式、学习方式、生活方式、治理方式，例如新冠肺炎疫情期间有1.4亿中小学生用了在线教育平台，这都是很大的变化。洪泰基金聚焦的是五个主要赛道，信息技术、先进制造、医药医疗、消费教育和新材料。现在管理的规模比较大，关注的主要领域是信息技术、先进制造、医药医疗、新材料，基本上都代表高科技的。洪泰未来70%~80%的钱会投向高科技，硬件的和软件的，包括医疗器械、医疗投资，其他份额会投向消费和教育。

四 站在深圳看双循环：更高水平对外开放

深圳现象更重要的是示范性

双循环是一个大战略

创办一流大学需在四个方面有所创新

深圳现象更重要的是示范性

唐　杰

哈尔滨工业大学（深圳）经管学院教授、深圳市原副市长

深圳现象有代表性、标志性，更重要的是示范性。截至2020年，深圳经济特区成立40年来持续高速度发展。最近5年，深圳经济增长从高速转变为中高速，由高速度、高要素投入发展向高质量、创新型发展转变，成功进入了全球创新城市的前列。这一过程的发生机制是什么，是否具有示范性，是否可复制，是否具有广泛的借鉴意义，值得认真研究。

作为中国改革开放以来现代化城市的代表，深圳现象不孤立、不唯一，但十分突出。这主要表现在世界上没有一座城市能如深圳一般在40年间完成从农业经济向工业经济、信息经济、数字经济、创新中心的过渡。深圳经验是否可以总结并运用于其他城市呢？这一问题随着我国进入“十四五”时期，大踏步迈向建设创新型国家，力图创新引领发展的新时代变得特别重要起来。习近平总书记在深圳经济特区建立40周年庆祝大会上讲到了深圳的发展，其中有几点十分引人关注。

第一，深圳的高速增长。1980年，深圳经济总量为2.7亿元，到了2017年达到2.7万亿元。1980年全口径税收为三四千万元，到了2019年则超过9000亿元。1980年人均GDP只有200美元，目前已达到3万美元的水平。1980年深圳开放时，经济总量只有香港的千分之二，2017年超越香港以后一直领先于香港。当年，深圳人均GDP只有200美元的时候，香港人均GDP超过了4000美元，目前深圳人均GDP已达香港的三分之二，仍有较大的差距，但差距缩小的速度是非常快的。

第二，深圳在全国有1000多项领先改革。

第三，深圳的经验总结为“三化”，即市场化、法治化、国际化。

如何理解这一过程，是研究和总结深圳经验的一把钥匙。我们一般会说，移民化是深圳发展的一大特点。深圳本地人和外地人都普遍将深圳归为一个移民城市，或者说，深圳客观上存在着一个人口规模巨大的移民化的过程。从全国看，改革开放40年，我国经济高速增长与世界史上罕见的短时间超过5亿人口加入了移民化浪潮有着密切的关系。5亿人离开农村、离开家乡，向全国迁徙，寻找更合适的发展机会，带来了社会的大变革。从社会学角度看，移民主要从两方面带来创新：其一，移民带来多元文化的聚集。市民文化背景的多元化带来的突出优势是，社会群体会自然而然地从多个角度而不是一个角度进行思维。多元文化下从多角度看问题，也就会创造多种发展机会和多种发展模式。其二，移民带来创新精神。移民本身就是冲破传统观念的行为。不满足于现状是移民最基本的动机。乐于接受新思维，尝试新领域，寻找新机遇是移民社会比较典型的特点。需要深入研究的是，是不是移民城市都能够实现经济、人口与人均收入水平持续高增长呢？全国移民浪潮带动了我们40年的经济发展，深圳的表现为什么更加突出呢？

研究显示，深圳市场化的发育程度和成熟水平在全国具有代表性和领先性。“有问题找市长”和“有问题找市场”代表了中国特色社会主义市场经济发展的显著的阶段性差异，这是本质上的差异。大多数深圳企业可能不知道市政府、区政府所在地，甚至不知道街道办事处在哪里，但大多数企业知道税务局、法院的所在地。在市场化发育过程中，如果市场主体具有真正的权利，不必按照政府的指令做动作，市场化才能真正形成。在成熟的市场经济条件下，传统的“熟人社会”才可能让位于规则或是法治社会。

1992年，中央授予深圳经济特区立法权是一个重大的标志性事件。深圳从此开始，逐步探索以立法手段来解决经济活动的规范性问题。改革是创新，是对传统制度的突破，但是如果创新以后我们不能将其以法律的形式制度化，我们可能既失去原有制度的规范，也不能建立起一个新规范。深圳在中央给予了立法权之后，逐步建立了一整套覆盖全部创新和经济管理活动的立法体系，到目前为止已有将近四百部立法，覆盖了经济活动的方方面面。

详细来看立法和深圳发展的关系在于分析立法和深圳发展的关系，显然要关注到以下几点：深圳的城市特色在于基本上没有国家部署的大项目。深圳的经济主体由中小微企业构成，最具代表性的有20世纪80年代末、90年代初的“四大”，即华为、中兴、平安、招商。“平安起家两张桌子，华为起家七八个人”，现在几家企业都成为享誉全球的优秀企业。深圳具有中小微企业创业、创新发展的环境，这个环境的形成跟深圳从政府规章到人大立法，确定中小企业扶植法律有密切的关系。在这部法律中，我们可以看到有关中小企业经济活动和支持政策的方方面面。在深圳，法治化过程还表现为，法律与规章处在不断修订过程中。政府依法支持中小企业，创造一个公平、公开、公正的市场环境，有利于中小企业竞争。政府依法保障大量的公共服务、公共支出、推动创新发展的研究开发支出能够进入中小企业，这是中小企业能够快速增长的重要基础。事实上，法律与规章在实践中不断修改完善是法治化进程的重要标志。一部法律或规章颁布若干年后没有启动修订程序，应该只有一个解释，即在实践这部法律或是规章没有得到有效实施。

深圳的国际化过程是由低到高一步步走出来的。最早做“三来一补”，以低价劳动力挤入全球化分工体系，在装配线上工作的员工，基本上是一天、一周、一个月、一年重复着标准化规范的动作，人成为机器的一部分或者是人成为机器。现在回头看，“三来一补”很低端，但工业化的过程就是农村人变成城市人的过程。“三来一补”教会深圳如何利用劳动力密集优势，把从农村走向城市的农民工组织成为现代化城市产业大军，进而形成现代有纪律的工厂组织，以及形成现代大工业特征明显的城市运转方式。

“三来一补”对深圳更大的影响在于使其以合同方式挤入了全球分工体系。深圳“三来一补”企业发现，如果合同要求的质量都达到了，产品也送到了，但送货到远洋集装箱码头的时间晚了十分钟，班轮开走了，就是违约，就要被罚赔款。正是这种严苛的合同约束使深圳企业养成了“不找市长找市场”的习惯，按照市场规则，严格履行合约就成为深圳人、深圳企业最为重视的制度约束。如何把一个合同定得更加详细、更加准确、更加规范、更加可依法执行成为内嵌在深圳40年发展中重要的城市基因。

深圳能够转型升级还有一个很重要的基础，即VC、PE在深圳的崛起。到目前为止，从VC、PE总部分布看，深圳与京津冀、长江三角洲三分天下。VC、PE能够成长，核心基础在于合同，在于法律意识，这是深圳能够走出来变成一个创新型城市的重要因素。在市场化、法治化、国际化的护航下，在深圳VC、PE从低端起步，学着评估企业和技术，现在可以到全球去评估技术、给技术定价，给科学成果定价。同时，深圳的两大公司，华为、中兴都是首先进入全球市场，然后又回到国内的，所以深圳企业是在一个最高水平上和国际高端竞争者竞争而走出来的。

最后一点是有为政府的作用。深圳政府面对一个极其发达的市场，努力不干预企业内部生产经营活动，致力于创造一个公平、公开的市场环境，确保竞争者之间的公平竞争。在这样一个公平的市场下，深圳以更多的科研支出、政府公共支出、教育支出为企业发展创造了良好的基础。在几次重大的产业转型中，我们可以看到，深圳对于关键的、高速增长产业的支持构成新一轮发展的重点。2000年前后深圳经济大转型，成就了华为、中兴、比亚迪，推动了招商、平安的崛起。在这个过程中，华为等企业并没有接受政府直接资助，但主要的大企业在深圳获得了优异的产业配套环境和多样性人才齐备的优势。此外，深圳屡屡为面临各种困境与发展难题的企业提供及时、必要、充分的法律支持。企业竞争优胜者是在市场上形成的，政府的选择在于支持一个新兴的行业，创造新兴行业所需要的健康成长环境，解决发展难题。从产业发展史的角度看，任何一个新兴产业发展都离不开“一花独放与万紫千红”的产业集群效应，没有绿叶也就不会有红花，只给领军大企业优惠支持，不大可能产生健康的产业生态。为大企业创造良好的产业生态的关键，就是培育一片创新的沃土，鼓励支持众多创新型中小企业竞争发展，形成发达的产业链。支持中小微企业有效吸引人才，推动中小企业做研发，提高研发水平，增强创新能力。以创新成果的增加，带动企业竞争力的增长。以此而言，深圳的市场化、法治化、国际化条件下的有为政府，应该是在“十四五”规划下，从基本完成工业化走向创新引领，这也是需要进一步研究和探索的。

时间跨越40年，深圳基本完成了工业化和城市化的历史使命。展望未来，深圳示范引领的使命是勇于创新，走向世界创新前沿，成为引领创新的先锋城市。创新就是要在制高点上，解决科学与产业上“卡脖子”技术，在更高端上培育出走在世界创新前端的世界级优秀企业群体。在这一过程中，深圳面临巨大的挑战是如何把基础研究和产业应用研究，在过去的经验上形成有效的城市创新体系。在这样一个创新体系下，从工业制造引领变成创新引领，深圳就能够在粤港澳大湾区的发展中发挥创新引领的发动机作用。深圳经过了一轮又一轮的转型，一轮又一轮的创新走到今天，人均GDP从200美元攀升到3万美元，未来要向香港的5万美元提升，要向旧金山的10万美元攀登。展望未来，自古华山一条路，前途依然光明，道路会更加崎岖。从更宽的视野来看，深圳的今天将是全国很多城市的明天。总结深圳经验教训，不仅是深圳的事，也是具有全局性影响的事。

双循环是一个大战略

郑永年

香港中文大学（深圳）全球与当代中国高等研究院院长

在百年未有之大变局的形势下，中国如何通过双循环战略，取得可持续的经济发展和社会稳定？

今天世界正经历百年未有之大变局，中国要成为一个稳定性力量，最主要的任务还是国内可持续发展。从80年代初改革开放到现在，为什么中国能成为崛起的大国？我想主要有三点，一是中国实现了可持续的经济发展，二是实现了可持续的社会稳定。可持续的经济发展跟可持续的社会稳定实际上很难同时达到。还有第三个因素也非常重要，中国实现了可持续的制度支撑。

那么下一步怎么走？中国现在要开始向2035年社会主义基本现代化发展进军了。因应大变局和新目标，我们提出了“双循环”发展战略，就是国际国内双循环，并且以国内循环为主的发展战略。

中国要实现可持续发展，大的战略非常重要。但是现在有一些人对双循环理解并不正确，例如，提出以国内大循环为主，他们就认为要所谓的内卷化了，不要开放了，这是错误的。我理解的以国内循环为主，主要是指向一个基本事实，就是中国GDP的增长大部分是国内消费作出的贡献，但并不是说外循环就不重要了。长三角和珠三角这两大经济带，包括京津冀地区，自改革开放以来就是在开放的状态和全球化的情况下崛起的，因此沿海省份还是要继续以外循环为主。

我们应当有信心。只要坚持开放，那么中国跟西方经济体包括美国就绝对不会脱钩。根据美国一个智库统计，过去两年有近6000亿美元流入中国金融市场，英国的经济学人杂志统计，2020年前十个月有2000亿美元流入中国金融市场，也就是说我们开放潜力很大，只要深度开放一块领域，就可以改变世界投资的格局。为什么？主要因为中国市场大，中国的消费市场不仅支撑着国内的可持续发展，对世界经济的贡献也很大。消费社会在某种程度上说的就是中产阶层，而中国有4亿人口属于中产，占总人口的30%。美国的中产比例虽然高达50%，但总人口只有4亿，也就是美国只有2亿多的中产。中国这么大的市场，任何资本都不会想放弃。

现在中央的决策也是如此，比如加入RCEP等，都是抱着开放的态度，这表明中国要继续开放，并且深度开放。

所以双循环是一个大战略，绝对不是封闭起来。正确理解内循环跟外循环之间的关系后，我们相信中国不仅不会回归到所谓的封闭状态，而且能胜利地完成下一个目标。

有一点非常重要，为了建设中国的消费型社会，要进一步把中国中产阶层做大。如果2035年中国有6亿、7亿的中产阶层，那个时候中国将成为一个真正富强的国家。改革开放40年使中国从一个贫穷国家成为世界第二大经济体，人均GDP从20世纪80年代初不到300美元到现在11000美元，胜利实现8亿多人口脱贫，这些都是世界经济奇迹。我认为，中国如能在精准扶贫的基础上控制相对贫困人口，把中产阶层做大，到2035年我们能有6亿多人口的中产阶层，中国就可以创造第二个世界经济奇迹，真正实现国家崛起、民族复兴。

创办一流大学需在四个方面有所创新

樊建平 ●●●

中国科学院深圳先进技术研究院院长、中国科学院深圳理工大学筹备办主任

作为中国科学院深圳先进技术研究院的院长，也是中国科学院深圳理工大学筹备组的组长。我在2006年带领五个人，从北京去深圳建设先进技术研究院，经过大概15年的发展，目前研究院已经有4000多人，孵化了大概1000家企业，参股了300家左右企业。

研究院申请了近万件专利，目前OPCT专利申请量位居全国高校科研机构第一名，研究院还写了近万篇论文。此外，这几年从这里走出去的员工加在一起接近1.3万人，通过技术和人才的转移，我们对深圳和粤港澳大湾区的发展作出了应有的贡献。

我非常同意双循环的战略决策。因为过去国家通过投资、出口进行拉动战略，现在增加了内部的消费，实际上中国人均GDP已经达到1万美元，有了较强的消费能力，我国城市人口数量比美国全部人口还要多，所以理应把消费这块做起来。

深圳是改革开放前沿阵地，被赋予建设新的标杆性城市的职能，也被称为示范城市。示范主要是希望深圳能够提前15年，也就是在2035年建成世界标杆性的城市，这也要求我们国家要依靠更好、更大的开放来实现腾飞。

站在深圳的角度来看，过去所做的实际上一直是在强壮国家产业链，这十几年我们也得到了很大的好处。但是，伴随着国家发展进入一个新的时期，产业业态也要创新。现在对深圳的源头创新能力提出了新的要求，也提出了新的挑战。

深圳本地的大学很少，科研机构也很少，和传统的城市如北京、上海、香港比起来差距还是很大的，而源头创新能力也决定了城市发展的未来。过去，各个城市是通过设立高新园区，把一些产业聚集在一起，通过壮大产业链，在某一个产业里面提升竞争力。而目前，城市发展已经进入一个新阶段，就是通过设立科教城，把研究型的大学、重大科研设施和研究单位以及孵化器聚集在一起，构造一个新兴产业的策源地。

美国的硅谷地区，有斯坦福大学，有伯克利高校，有众多的科研机构，也孕育了世界级的大型企业。波士顿地区有麻省理工学院，有哈佛，也有众多的企业，向新兴产业聚集，这些实际上都是科教城在新兴产业的策源方面鲜明的例子。

深圳在光明科教城的建设上下了很大的功夫。光明科教城占地99平方千米，它和原来的西丽科教城、河套地区，在深圳共同构成了一个科教体系，这一体系和松山湖以及广州的南沙等合在一起成为一个国家科教中心。从湾区和深圳整体来看，这一块为下一阶段新兴产业的发展，构架了一个新的竞争优势。

我个人认为，科教城的核心还是研究型的大学。因为研究型大学有一流的师资队伍，这些人在国外很多都是诺奖级别的，很多研究都开创了一个新的方向。比如大家所说的基因研究，生命科学里面的基因编辑技术于2020年获得诺贝尔奖，在此影响下，很多学科兴起，很多产业如合成生物等兴起，也促使我们对脑科学的研究进一步发展。所以我觉得这些老师非常重要。

研究型大学还有大量优秀的学生。大量的人才和新的技术源源不断地走到深圳，走到湾区，走到全国各地，造就了未来新兴业态的产业。

我觉得如果想在世界范围内建立一流的研究型大学，开放就非常重要，我们国家不可能关着门建立世界一流的大学，一定是把世界上最优秀的人才和大师们吸引过来。

美国二战以后就是这样，把大量的科学家吸引到美国，比如将爱因斯坦从德国吸引过去，同时建设各种国家实验室，两者之间的联动也造就了美国今天科学的繁荣，以及美国高科技产业的发展。所以，要在新的产业方面有进步，就必须开放，把世界上的科学家吸引过来。

建设一流的大学，像深圳理工大学，我们希望有四个特色：

第一，科教融合，现代一流大学的核心还是要科技强。过去大学是通过引用别人发明的知识教给学生，其实大学还有一个重要的任务是创造新的知识，也就是0到1的创新。如果要实现0到1，一定要做到多学科交叉，一定要在新的科学仪器设备上进行创新，科教融合非常重要。

在世界一流大学的校区里面或周边，建立各种体系的研究机构，然后开放校区，让学校的教授和这些科研机构进行互动，捕捉各类新的科学想法，利用一切新型设备，把新的想法变成现实。所以说科教融合对建设一流的科教园区非常重要。

第二，产教融合，我们不能关上校门办大学，因为很多的科学研究是从产业需求刺激中想到的，并且沿着一个学科方向深挖的这类科研越来越少，基本上都是在一个大跨度上面，通过科教融合、产教融合进行研究。

第三，国际化，现在城市要国际化，世界范围内的科学研究中心，其教师都是从全世界范围内吸纳而来的，其学生也是世界范围内最优秀的学生。

第四，体制机制，我们国家应在办学的体制和机制上面进行创新，鼓励一类非传统、非政府办的大学。

总而言之，一流的大学应在科教融合、产教融合、国际化和体制机制四个方面进行创新，这是非常重要的，这也是我们深圳理工大学未来要实践的主要内容。

下篇　新生

一 后疫情时代的全球经济增长

中国的外贸将继续引领全球贸易的发展

以高水平外循环赋能新发展格局

制定应对危机挑战的策略

双循环要突破三个误区

中国的外贸将继续引领全球贸易的发展

龙永图 ●●●

中国入世首席谈判代表、原外经贸部副部长

2020年以来，新冠肺炎疫情再加上国际贸易保护主义、单边主义蔓延，使得全球经济出现三种切断——许多贸易或投资的联系被切断；不少全球贸易供应链和产业链的网络体系被切断；许多国家和多边体制的联系被切断。这些切断不仅造成了经济的重创，而且使得全球贸易出现了断崖式的下降。2020年4月8日，世界贸易组织预测，由于疫情的大流行，2020年世界商品贸易将暴跌13%到32%，几乎所有地区的贸易下跌都将超过10%，其中亚洲地区和美洲地区损失最大。

但最近几个月的发展使我们感到意外，那就是全球贸易下行的趋势得到了较快的扭转。特别是在第三季度，国际贸易出现了奇迹般的反弹。荷兰政策贸易局在11月25日发表的一篇文章指出，2020年第二季度全球的国际贸易还下降12.2%，但第三季度竟然增长了12.5%。他们说这是21世纪以来在一个季度里面所发生的最大的贸易增幅。

对这一次贸易增长的原因，几乎所有的分析家都指出，这是由中国引领的结果。

在2020年5月国际贸易和出口下降4%、法国下降12%的情况下，中国企业出口市场份额在全球已经增加到11%。到了9月，中国和一些亚洲国家的出口已经超过了疫情前的水平，而欧元区仍在下降，降幅为2.6%，美国的出口则下降了9%。

在这次疫情中，我国的对外贸易之所以在整个复苏当中起到了明显的“领头羊”作用，有以下几个原因：

一是我国较快控制了疫情，并在短期内实现了复工复产和经济增长，从而成为全球供应链系统当中最为稳定的基础。国际货币基金组织预测2021年全球经济下降4.4%，发达国家下降5.8%，而对于中国，国际货币基金组织非常乐观，预测2021年中国经济将增长2.2%（编者按：2021年4月6日，国际货币基金组织最新预测2021年全球经济将增长6%，发达经济体将增长5.1%，中国经济将增长8.4%）。

可以说，强劲的经济恢复增长为中国外贸继续引领全球贸易的复苏，并为全球经济的复苏打下了基础，中国统筹疫情防控和社会经济发展取得了历史性的成果。

二是我国长期推行市场多样化战略。疫情对于各个国家的影响不一样，大多数的新兴国家，特别是金砖国家贸易出现了大幅度的下降，但由于美国、日本、欧洲经济的韧性比较强，消费能力也有较好的底子，我国对于这些国家的出口还出现了稳定的增长。

三是中国的制造业，特别是制造业的基础非常雄厚，门类齐全。有了这样的基础，我们面对疫情催生了一些新的市场需求，形成了新的市场机遇。许多地方抓住了全球市场出现的低端化、居家经济扩大的特点，依靠价廉物美的劳动力，推出新的产品，比如医疗防护设备、家居设备，等等。我最近到宁波，当地同志告诉我，2020年宁波1—9月包括口罩在内的纺织品出口增加了49%，体育用品的出口增加了51%，家居出口增加了22%。这些都是他们抢抓机遇的结果，因为我们的低端劳动密集型的产业有强大的供应力。

四是充分发挥跨境电子商务在疫情当中增长最快的新兴贸易业态优势，发挥跨境电商的积极作用，使得跨境电商大幅度增长。宁波2020年1—10月跨境电商同比增长了22%，杭州的跨境电商在整个外贸出口当中所占比例已经超过20%。

总之，我们已经看到了由于中国的引领，国际贸易的复苏已经开始，且十分强劲。世界贸易组织上周表示，主要贸易指标已经恢复到长期水平，这表明贸易复苏很可能持续下去。

我们在看到全球贸易出现复苏前景的同时，也要保持谨慎的乐观。当前主要的隐忧有以下几点。

第一，贸易增长速度会降下来，因为前一段时间贸易速度的增长主要是2020年春季许多国家实行封城和其他防疫措施，形成的对我国商品出口的需求积累，如今这些需求已得到很大程度满足，许多企业已基本完成充填库存任务。因此，对于这一段时间的贸易反弹，我们要采取谨慎态度，继续仔细地观察整个市场变动情况。

第二，这次疫情当中跨境电商异军突起，呈现了很好的发展前景，但在国际上，哪一个贸易形态发展得快，哪个产品增长得快，就越引人注目。随着跨境电商的迅速发展，现在已经开始呈现出跨境电商缺少跨境体系的情况。这些年来，世界贸易组织、万国邮政联盟（UPU）以及世界海关组织正在制定关于跨境电商的国际规则体系。但由于管理的跨境货物范围有限，世界海关组织只是跨境电商管理当中的一个环节，而世界贸易组织又处在被边缘化的局面，所以，整个跨境电商的国际规则的制定大大落后于跨境电商的发展。

国际规则制定的滞后给少数大国实行单边主义、单方制定规则提供了机会，也给了他们很大的随意性和任意性。美国现在开始制定一整套管理跨境电商的规则，他们按照货物危险的程度制定分类监管，针对所有进出口商实行备案制度，特别是制定所谓的实体清单制，他们可以任意对他们认为违规的跨境电商进行民事处罚、罚款、禁止，威胁了整个跨境电商的健康发展。这使我们感到很忧虑，它带来了多边主义的边缘化甚至是抵制，很多国际贸易规则不能及时出台，为少数国家实行单边主义大行其道提供了很多的机会。

这再次提醒我们在疫情结束之后要更快地恢复以世界贸易组织为代表的多边体制的威信，加快对于多边规则的制定，解决当前国际贸易当中出现的一些重大问题。

第三，我们应该关注国际投资大幅下降对于国际贸易的传递作用。2020年以来，由于疫情的发展，全球投资出现前所未有的不确定性。根据联合国贸发组织的预测，2020—2021年全球外国资金投资可能下降30%到40%，这是历史上空前的。外国投资的下降必然对许多产业的产业链造成冲击，包括对于一些产业链环节的修复，也包括对于新的产业链环节的短板的建设，都会因为某些投资的大幅度下降而受到影响。

由于外国投资的大幅度下降，中间产品的贸易也大幅度下降，这对于许多像中国这样的制造业大国而言，中间产品贸易的下降会造成对国际贸易甚至产业链的重大影响。当然，疫情一旦缓解，产业链的恢复也会比较快，在这一点上我们要保持谨慎乐观的态度，并且要采取积极的措施。

当前国际贸易的前景充满了很大的不确定性，尽管世界贸易组织认为国际贸易已经恢复到长期水平，但因为全球的疫情还没有结束，一些大国甚至出现了反弹，目前还不能够确定，也不能预测疫情到底什么时候结束，最悲观的估计是整个疫情可能需要五年时间才能够彻底结束。

总之，不管怎么样，我们要继续做好疫情防控长期化、常态化的工作，继续巩固疫情防控和经济发展取得双胜利的成果。

我们相信在这样一个基础上，中国的外贸将继续引领全球贸易的发展。我希望在这样一个特殊的时期，中国能够以大国担当的精神对全球贸易的发展作出独特的、难得的贡献。

以高水平外循环赋能新发展格局

江小涓

第十三届全国人大常委，第十三届全国人大社会建设委员会副主任委员，中国行政管理学会会长，清华大学公共管理学院院长、教授

以国内大循环为主体，国内国际双循环相互促进的新发展格局已成为我国新的、最重要的发展目标。这个新发展格局是一个客观事实，不是刻意追求的，同时也是符合规律的、具有前瞻性的部署。适应新的形势和要求，我们要继续推进对外开放，利用高水平的外循环来赋能新发展格局。

一、国内大循环为主体：事实与规律

我国以国内大循环为主体不但是经济发展的客观现实，也是面向未来的发展规律。在过去的40年里，对外开放是中国持续发展的重要解释因素——开放推动了经济增长，促进了就业，实现了结构升级、技术进步。然而，随着经济体量加大、国内市场扩张和国际环境变化，外循环在经济中的相对比重在过去10年已出现下降。

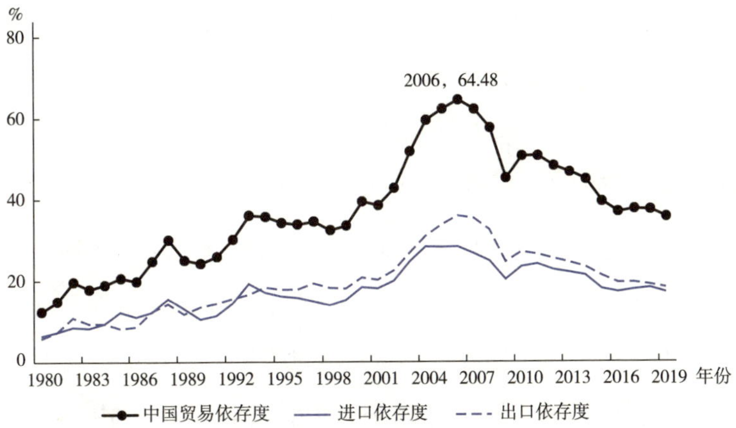

图 1　中国对外贸易依存度

从图1可以看出，中国经济的贸易依存度在改革开放初期处于较低水平，加入世贸组织之后逐渐升高，2006年已超过60%，这是很高的开放水平。但是，最近十年出现缓慢下降，且很可能会长期维持在这样的水平。参照图2可以发现，中国在改革开放初期是大国中开放度和贸易比重最低的，然而到2006年几乎已接近最高水平，比大国的平均水平高出三分之一左右。

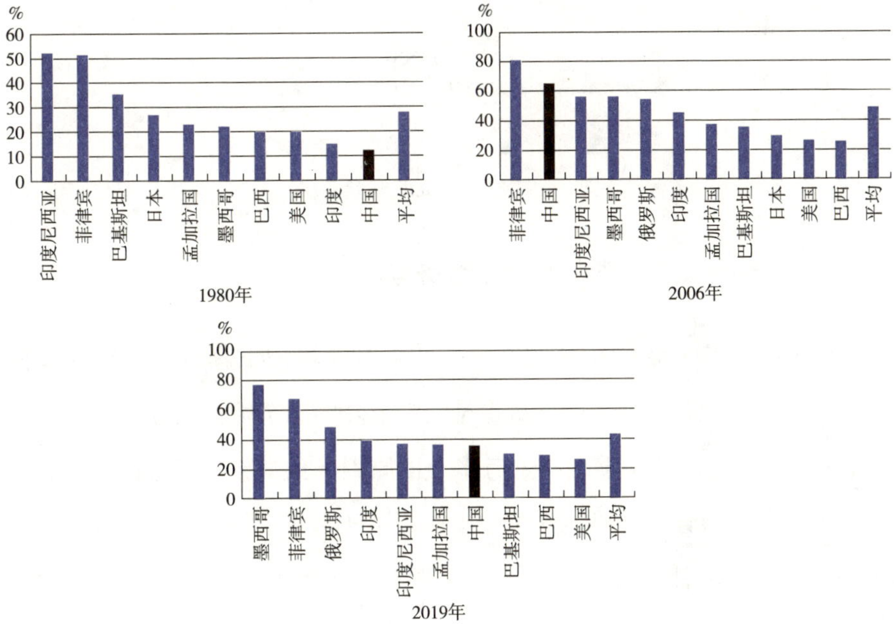

图 2　人口大国贸易依存度

需要注意的是，在过去10年中这个比重又持续下降，并大致落至大国开放的平均水平。当然，判断我国的开放水平是否合适，既要和国情相比，也要和其他大国相比。结合以上两个维度来看，我们的开放度已回落到相对平均的水平，而这还不能说是一个正常的水平。

在外循环占经济比重和地位明显上升后又略有下降的同时，国内消费市场份额快速增长，从图3中可以看到，在过去的40年间，中美两国的GDP增长是最快的，结果是中国经济总量跃居世界第二，仅次于美国，彰显中美两国超大消费市场对于经济增长的推动力。当然，从国内和国际变化情况来看，以现在的中国经济体量，以国际大循环为经济增长的主要驱动力面临着一些困难和挑战，因此要向国内大循环为主体转变，这既是现实需求，也是客观规律。

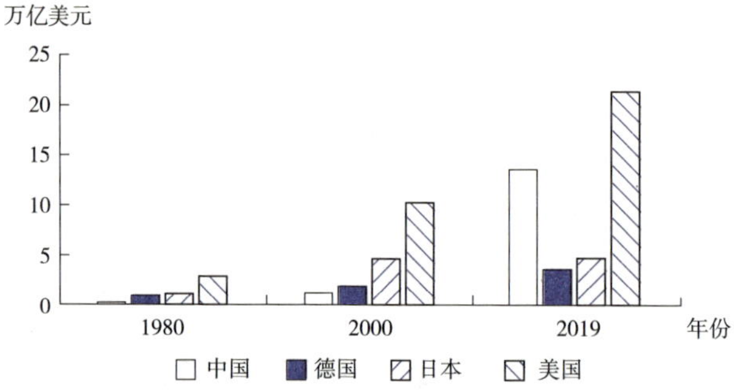

图3　中德日美 GDP 总量变化

二、外循环赋能：新的全球化趋势与机遇

全球贸易占全球GDP比重在过去9年出现缓慢下降（大概从46%降41%），在同期全球投资中的比重也是缓慢下降的。全球化经过40年快速推进之后出现一个自我调整期，这有多方面原因，比如经济基本面变化，包括经过30多年的分工，可能这个分工达到了相对稳定的状况，对经济的拉动效应减弱；还有随着技术的进步，一些跨国界因素如廉价劳动力的选择，明显受到自动化能力提升的影响。这些都可以解释传统意义上衡量全球化

的指标在过去10年出现回落的原因。即便新冠肺炎疫情结束后会有明显回升，想攀至21世纪前10年的水平，还是不太确定。

令人欣喜的是，在传统全球化回落的同时，新的全球化在快速成长，特别匹配我们下一步发展的趋势。这主要体现为：全球分工网络持续扩容和升级，中国参与全球分工能力增强。毋庸置疑，中国现在参加新一轮的全球化进程，起步、优势和四十年前是大不一样的。由于在开始阶段就有较高的起点，更要以高水平的对外开放来促进高水平的外循环，推动新发展格局的实现。

新的全球化大概有以下比较突出的类型。

一是制造业+数字服务会带来全球服务中间服务业增加值的提升。服务业本身也在快速全球化，也在借助5G技术。另外技术复杂产品全球共制变成一个普遍的趋势。网络空间的全球研发带来了特别大的全球科学网络发展机会。

全球制造业传统产品中的数字服务会带来新的增加值。比如，全球价值链中，原来一台工程机械只能卖产品的价格，现在借助工业互联网可以在出售产品的同时加入远程的网联服务价格，服务包括远程检测、远程维修、远程预警、在线维修等，对于所有设备的大售后服务概念会有很好支撑，在出售产品时也可以让客户选择裸机、加三年服务、加五年服务或是加终身服务等，这不但能提升产品价格，也能在全球价值链中注入新的、服务部分的价值，而这需要借助新的技术来实现。

从分工角度看，传统服务业是服务贸易的商品，服务的提供和消费必须同时同地，如医生看病和病人求诊是同步完成的，老师讲课和学生听课也是同步完成的，而有了互联网，这些服务可以错位也可以错时，如医生在远端问诊。5G技术广泛应用后，很多服务业可以出现全球分工又合作生产的新格局，如举办音乐会，可以在全球选择最好的音乐家，每个人贡献不同的乐器演奏，然后合成一首曲子，为听众带来美好的音乐享受；做医疗手术，可能有的医生在远端诊断，有的医生在现场做麻醉，甚至远端操作完成手术。所有这些既需要通信技术也需要数字化设备的完善，都为服务业分工发展提供可能性。

二是数字网络带来全球研发的分工。为什么全球化投资会下降？因为现在不需要到当地建实体机构了，通过互联网完全可以做一个多国研发的部署。统计显示，20世纪末，全球研发其实就是美国、西欧、德国、日本这四个国家和地区在做，当时他们比重大概占到30%以上，最近几年比重达到60%，其中最大的是日本。而在过去的10年、20年间，中国在全球共同研发项目中的比重快速上升，我们通过提升自身能力，快速加入到了全球创新浪潮中，这是很重要的进步。

世界贸易论坛和波士顿咨询公司合作评选出了五批共54家全球4.0时代的灯塔工厂，中国有16家，这是我们第一次在所谓全球技术领先的饼图中切到最大一部分，日本、德国、美国等传统制造强国拥有家数都是个位，相信在不久的将来，中国一定会出现真正的数字时代全球头部企业，引领中国走向世界前沿和高端的行列。

除了数字制造，我们在数字时代的全球化分工也在发展，并位居全球前列，中国的采购、会计、研发等业务面向全球提供服务，所对应的都是全球化网络中间比较重要的节点和位置。

制造企业和服务企业之外，中国在全球共同研发中的位置也是非常重要的，我国在全球共同研发网络空间中的排名，已经进入前十；上海略微领先北京，已经进入全球创新网络前十的位置。

关于生物技术科学，北京已经在共同发现中占到了相当重要的位置，另外一个占比较大的是日本，上海也有一定的占比。这说明京沪无论在全球研发共同网络还是全球科技网络中都占据了非常重要的位置，只不过上海和北京的特点不同，上海侧重研发技术，北京侧重专业论文。

在新一轮全球化中，无论是制造业还是服务业，无论是技术研发还是科学水平，中国其实已经在高起点上加入了全球下一步发展的行列，对此我们要有信心，必须坚持对外开放，发挥自己的优势，同时肩负引领责任。

有两点特别值得强调：一是要积极参与高水平贸易规则的制定过程，坐视规则制定成形只能被动加入，这是相当有风险的——这些高水平的贸易规则形成之后，将来有望影响全球贸易的50%到60%，因此处于这个体系之外对中国长期发展是不利的。二是中国一定会成为全球数字贸易中间非常重要的一支力量。拥有这么好的技术应用能力、这么有创新活力的企业，我们一定是全球最具有竞争力的数字产品和数字服务供应商。基于此，加快推进全球“数字规则”的制定，让全球数字贸易变得更平稳、更可持续，既是我们的发展需求也是我们的发展责任，要尽快推进。

总而言之，双循环相互促进是一个整体，面对这么强的国内竞争能力，面对不断升级和扩容的全球化环境，我们还应积极利用外循环来促进内循环高水平、可持续的发展。

制定应对危机挑战的策略

朱光耀

财政部原副部长

我们怎么样看待即将过去的2020年？在新年伊始，新冠肺炎疫情的爆发对世界造成了巨大的冲击，演变成一个世纪以来最为严重的全球公共卫生危机，同时导致了深度的经济衰退，这是第二次世界大战结束以后最为严重的经济衰退。国际货币基金组织预测，2020年全球经济将下降4.4%；世界贸易组织预测，2020年全球的贸易状况将下降9.2%；联合国贸发组织对2020年全球直接投资的下降率预测是30%到40%。经济的衰退、贸易的萎缩、直接投资的减少，构成了2020年世界经济的真实状况。

与此同时，这次世界级的公共卫生危机也导致了全球治理体系的危机，全球治理体系处于二战以后最为艰难的历史时刻。所以，人类处在新的历史发展的关口，这是对2020年世界经济真实状况的客观写照。

2020年即将过去，我们正视公共卫生危机挑战，而且认识到这是一种系统性的挑战。因为它不仅是一场全球的公共卫生危机，不仅是一场全球的深度经济衰退，不仅是全球治理体系的危机，而是三者相互叠加、相互影响的系统性的危机。

要战胜危机，就必须要有系统性的、整体的、体现全球各国特别是主要国家能够回到团结协作、同舟共济的战略思路。但是很不幸，美国作为全球最大的经济体，作为最大的发达国家，在即将过去的2020年对全球治理体系起到了倒行逆施的一系列的恶劣作用和影响。现在应该是美国回到符合美国自身利益，同时符合世界和平与发展方向的多边体系、多边主义原则、多边磋商的正确的轨道上来的时候了。

针对2020年在系统危机之下所表现出的三种具体的危机挑战，我们应该制定应对危机挑战的策略。

第一，在战胜全球公共卫生危机方面，首先要体现团结协作，要体现人类共同面对新冠病毒这个人类共同敌人的合作精神上来。新冠病毒疫苗的开发为人类战胜新冠病毒提供了非常宝贵的科学基础和能力。同时，也要深刻认识到，人类未来还将面临其他新的公共卫生危机的挑战。我们要有更宽广的思路，要特别认识到新冠肺炎疫情危机对人类共同应对气候变化挑战的极端紧迫性和极端重要性，要把人类战胜公共卫生危机同人类战胜气候变化挑战结合起来。人们在思路上要更具战略性，更具未来的、历史的战略视野，要最宽广地覆盖人类在面对挑战方面，特别是在面对细菌、面对气候变化挑战方面，要有更加完整统一的战略，战略思路上要有突破。同时，要极具针对性。

第二，在经济战略发展方面，我们要有计划地加强世界各国，特别是主要国家的宏观经济政策的协调，其中，财政、货币政策的协调是至关重要的。2008年，面对全球金融危机，人们共同行动，有共同的战胜危机的理念，同舟共济最终战胜了金融危机。但是今天，全球在宏观经济政策方面，政策协调严重缺乏。所以，2021年全球经济要恢复到常态，即如国际货币基金组织预测的，希望能够达到5.2%的增长，这需要所有国家共同努力。

同时，我们在理念上要有新的创新，要抓住数字经济发展提供的难得机遇。数字经济将是第四次工业化革命最为宝贵的战略机遇和抓手，其中数据是未来珍贵的资源。我们在数据的保护、数据的安全、数据隐私的重视等方面，都要有全球合作的战略视野，确保数据的安全流动，这对世界所有国家都至关重要，它关系着今后全球经济持续发展的重大基础。所以，第二个战略思维的突破，就是和全球经济发展、复苏发展紧密结合，数字经济战略地位和重大作用要不失时机地提到战略议程上来，世界主要国家要加强在这一领域的政策协调与合作。

第三，要克服全球治理危机，相关的大国之间的政策沟通是非常重要的，要有新的思路、新的突破，不冲突、不对抗，相互尊重、合作共赢是指导、处理大国关系的重大原则。在克服全球治理危机这一方面，首先要恢复在过去一年受到严重破坏的大国之间的信任基础，“国之交重于民”，世界主要国家民众之间的相互沟通、理解是非常重要的。在克服全球治理危机的领域，全球面临重大的挑战，最为关键的就是在大国关系上，新的一年要有新的进展。

第四，基本的原则是值得所有国家高度重视的：和平共处，开放合作，多边主义，沟通磋商。

在和平共处原则的基础上，坚持国家的对外开放和合作共赢，坚持多边主义的原则，坚持沟通与磋商，对于在新的一年改善和提升大国关系，特别是处理好在全球治理中急需提升的重大战略性问题，包括数据保护的国际规则，包括国际贸易体系及其相关的规则，也包括在全球经济治理中宏观经济政策的协调，是至关重要的。

针对三个具体问题，用新的战略思路来加以考量，我们一定能够战胜当前面临的新冠病毒的挑战，同时也能保持全球经济的稳定复苏和增长，进而推进全球治理体系的完善和提升。中国作为全球最大的发展中国家，

2020年在以习近平同志为核心的党中央的坚强领导下，万众一心、众志成城，取得了战胜新冠肺炎疫情的重大战略胜利，同时克服困难，保持了中国经济稳定地向前发展。

国际货币基金组织预测，中国经济将是2020年全球主要经济体中唯一保持正增长的国家，将增长1.9%以上。从现在的数据看，我们第一季度-6.8%，第二季度3.2%，第三季度4.9%，前三季度综合是0.7%，第四季度中国经济基本恢复到潜在增长率6%左右的水平，我们有信心全年经济的增长超过国际货币基金组织的预测。2021年国际货币基金组织预测中国经济增长8.2%。但在保持信心和乐观的同时，我们要非常谨慎，要在现有的基础上按照中央确定的“稳中求进”的工作方针，按照新发展理念的指引，保持中国经济健康持续向前发展。

双循环要突破三个误区

魏建国

中国国际经济交流中心副理事长、商务部原副部长

关于双循环制度，我认为要突破三个误区。

第一个误区，是有人认为双循环制度是因为这次疫情，或者是中美贸易的摩擦，其实错了，这只是一个方面。中国现在的市场，除了四亿中产阶级高水平需求之外，还有中西部地区、二三线城市日益增长的广大农村需要。我个人认为下一步中国进口会呈两位数的增长，外贸在2020年6月份就进出口双双转正，中国一招领先，招招领先，疫情防控做得好，复工复产、复工复市做得好，只要这一块领先一毫秒，就能跟后面相差几千里。所以在这个时候，中国订单虽然有所降低，但是可以看到呼吸机、口罩、防护服、高端医疗设备以及箱包和电子产品都在出口，大家不用担心进出口贸易，2021年还会增长，因为我们加入了《区域全面伙伴关系协定》(RCEP)，也正在考虑全面与进步跨太平洋伙伴关系协定(CPTPP)，还要考虑2020年年底加大中美、中欧的交流，以及中亚的重要性。这些都给中国企业创造了非常良好的营商

环境和大市场。所以这个误区要克服，不是临时的、被动的、当下的，而是长远的、战略的，这是我们经济的总路线。

第二个误区，是有人认为双循环经济格局是保守的。这是错误的，双循环经济格局是开放的，不是保守的，不是已经退到了我们过去讲的自力更生，关起门来搞生产。恰恰相反，双循环进一步推动加大改革开放的理由有两条：40年前的改革开放促使中国形成了现代的大市场，当初加入WTO，我们很担心两个领域：汽车和农业。但恰恰相反汽车和农业发展很好，农产品和汽车都出口。加入WTO使中国变成了全球市场工厂，但是这还不够，这个世界工厂还有生产链条，这个链条在全球400种左右出口和生产的产品中，有220种产品是成功配套的、上下游连接的，中国这个优势固定了，那么中国是否还要加强这种优势？更好建立一个开放的、健康的、安全的产业链和供应链？这是由本国的市场来决定的，这个市场是对外开放的，是希望全球响应的，并且能够共同分享到中国的改革开放成果。

第三个误区，有人认为双循环经济是自己搞的小循环。事实上这个循环不是各个省自己搞的小循环，这是发挥中国超级市场作用的大循环，中国现在最大的王牌就是中国是特大超级市场，绝不是说自己本身搞的一个小市场，绝对不是以邻为壑的保守主义或者是地方主义形成的。我们这个产品好，其他就不要了，这行吗？不行。我们还要看到收费、物流，美国物流业占GDP总量的7.8%，欧洲是7.9%，日本是7.6%，我们通过前期努力虽然物流占GDP从20%多降到17.4%，但还有很大的空间。只有把这三个误区克服掉，在中美今后的博弈中，中国才能站在前位以及高位，我们一定要看到通过这个来应对拜登政府，可能出现的几种情况：

一看、二慢、三通过是对拜登的一个非常基本的判断。在做事方式上，他的主要特点有两个：

一是建立一个遏制中国发展的全球统一战线。我们不排除他要全面改善跟欧洲的关系，不排除他可能要进一步加大跟印度的关系，也不排除下一步发展会借CPTPP或者日韩自贸区出一些怪招，这些我们不怕，因为我们已经做好准备，并且会按照我们的时间表来做。

二是拜登可能会用制度法规来约束我们，这一点要看到我们的不足，尤其是国有企业的改革、产业补贴、国际招标以及更重要的知识产权保护，和一些出现的重要意识形态的问题。这个问题是拜登可能会对我们施压的很重要的方面。我们应该不断加大改革开放力度，使双循环出现在整个经济格局中，把供给侧结构性改革贯彻到底。

接下来有人问中美有没有合作的可能，有没有合作的亮点，我不排除中美下一步有合作的可能，这个合作表现在三个方面：

第一是看预期，拜登说他一上台就要全国戴口罩，这个很难做到，因为很多州是共和党的，能否实行就要看拜登自己了。

第二是拜登所讲的生命第一，所以就中美在抗疫上的行为，个人认为还是要强调合作，但需要加大地方民间以及省市与州市的合作，通过珍重生命来解决这个问题。

第三是应对气候变化，双循环的经济路线对于下一步应对气候变化也是非常有好处的。

全球的健康养老面临着很大的问题，尤其是疫情彻底冲击了美国的医疗系统，在此情况下我们会把它做好。当然，会不会出现新花招、怪花招？可能不仅是拜登的团队，还会拉上澳大利亚、印度等。除此之外，可能还有更多的花招，但只要我们把自己的事情办好，把双循环的路线走好，就一定会取得更好的成绩。

二 后疫情时代的中国经济增长

中国经济走势受到三种力量的影响
把握跨越“中等收入陷阱”的关键期
双循环如何畅通
“十四五”时期四个方面的重点关注
基础研究投入比重低是创新的短板
“十四五”规划的四个重点
保住企业才能保住就业和民生
数字经济信息注入的能力会反向重塑市场供给
数字化时代的消费发展趋势

中国经济走势受到三种力量的影响

王一鸣

十三届全国政协委员、央行货币政策委员会委员、国务院发展研究中心原副主任

2020年以来，面对新冠肺炎疫情的严重冲击和外部环境的复杂变化，中国的疫情防控和经济恢复都走在世界前列，第二季度经济增长由负转正，第三季度增长4.9%，前三季度累计增长0.7%。中国经济率先恢复，为结构调整和经济转型赢得了宝贵的时间和战略主动。但也要看到，2020年中国经济复苏仍存在结构性差异，供给的恢复快于需求，投资的恢复快于消费，工业的恢复快于服务业，大企业的恢复快于中小企业，金融业和实体经济冷热不均，就业和中小微企业仍面临困难，稳增长与防风险的平衡仍面临压力。这种结构性差异既反映了疫情冲击对供需两端和不同部门影响的结构性差异，也反映了扩张性政策带来的不对称效应。

展望2021年，中国经济走势将继续受到外部环境变化、国内政策和内生动力的影响，我觉得主要有三种基本的力量。

第一种力量，外部环境不确定性的影响。

从目前情况看，全球疫情仍在扩散，欧美发达国家疫情

出现反弹。如果疫苗不能如期大规模接种，至少2021年上半年全球经济仍将笼罩在疫情之下，这将给全球经济复苏带来不确定性。与此同时，全球经济复苏分化加剧，新兴市场和发展中经济体经济前景进一步恶化，发达经济体内部应对疫情的政策存在差异，不同国家的经济表现也不尽相同。经济复苏不同步将导致主要经济体财政、货币政策的分化，使得外部环境更趋复杂。全球债务水平迅速攀升，主要经济体为应对疫情冲击，推出空前规模的财政货币政策，在避免经济衰退的同时也增大了风险隐患。发达经济体债务水平突破历史高位，风险释放也可能带来巨大的外溢效应。

疫情后的K型复苏态势，使收入差距扩大，进一步加剧社会不平等，有可能强化本已上升的保护主义、民粹主义倾向，逆全球化进一步抬头。这些都是外部环境面临的不确定性，当然也包括美国新一届政府上台后中美关系会进入一个调整期，尽管我们可以做出各种判断，但其中仍然充满不确定性。

第二种力量，我国宏观政策正常化的时机和节奏。

2020年，我国推出了大力度扩张性政策，对疫情冲击下中国经济复苏发挥了十分重要的作用。2021年，我国经济将延续疫情后复苏向好态势，加之2020年的基数比较低，2021年经济增速有望达到8%左右，而且将呈现前高后低的态势。由于经济恢复不平衡，加之延后的风险会逐步暴露，可能会呈现宏观指标明显转好，而部分微观主体依然会面临较大困难的局面。加之货币政策已经开始边际性收紧，各种风险也有可能暴露，商业银行不良率可能反弹，地方政府债务风险可能上升，债务违约事件也会增多。在这种情况下，如何把握宏观政策正常化的时机、节奏，就显得尤为重要。

第三种力量，内生性增长动能的形成。

从2020年情况看，在疫情冲击之下，我国外贸出口并没有像疫情暴发之初预测的那样出现大幅度下降，反而出现了比较强劲的回升。按人民币计价，2020年出口增幅明显高于全球贸易增速，占全球市场的份额进一步上升。这可能主要得益于比较早地控制住疫情，以及国际市场部分订单向我国转移的效应。随着主要经济体生产能力的逐步恢复，这种订单的转移效应会明显减弱，如何培育内生的增长动力就显得更为紧迫。

从国内看，生产恢复走在前列，但消费恢复依然明显滞后。虽然8月份社会消费品零售总额增速已经转正，但前10个月累计增速仍下降5.9%。全年很可能是GDP转正了，消费还没有转正。与此同时，前10个月制造业投资累计下降5.3%，说明市场主体预期和信心尚未完全恢复。扩大消费和促进制造业投资，成为增强经济增长内生性动力的重要因素。

《中共中央关于制定国民经济和社会发展第十四个五年规划和二〇三五年远景目标的建议》（以下简称《建议》）提出，要加快构建以国内大循环为主体、国内国际双循环相互促进的新发展格局。把扩大内需作为战略基点，加快科技自立自强，提升产业链现代化水平，这些都意味着我们要把经济发展的立足点更多放在国内，增强内生增长动力，这也为2021年经济工作指明了方向。

基于上面这些分析，我觉得2021年有四个方面需要我们去把握。

第一，把握好宏观政策正常化的节奏和力度。

当前中国经济尚未恢复到常态化水平，经济持续复苏的基础还需要进一步稳固，外部环境还有很大的不确定性，扩张性的宏观政策不宜过快退出。2021年要保持相对宽松的政策基调，宏观政策边际调整要把握好节奏和力度。对中小微企业的扶持政策要考虑有相应的接续措施，普惠小微企业贷款延期还本付息等政策支持还要适当延续，对小微企业再帮扶一把。考虑到就业压力依然较大，要把稳就业放在更加突出的地位，做好就业形势的监测预警和应对预案，针对重点行业和重点人群的就业压力，完善就业政策工具，增强政策的针对性和有效性。

第二，把扩大内需特别是扩大消费需求作为战略重点。

当前，居民部门与企业部门的储蓄水平大幅提升，如何引导居民扩大消费，引导企业扩大投资，特别是扩大民营企业和制造业投资，应是扩大内需的重点。要通过提高居民消费意愿，推动消费回升。近年来，随着居民个人住房贷款快速增长，居民部门杠杆率快速上升。这对最终消费会形成较强的挤出效应，因此要坚持“房子是用来住的，不是用来炒的”定位，加强对房地产市场监管，严控信贷资金过多流向房地产市场，降低高房价和居民高杠杆对消费的挤出效应。通过政府投入引导社会资本扩大投资，恢复市场主体的投资信心，鼓励社会资本参与新型基础设施建设和新型城镇化建设，积极扩大有效投资。

第三，提高产业链供应链稳定性和竞争力。

全球产业链供应链加快调整，区域化近岸化特征更趋明显，提高产业链供应链稳定性和竞争力更为紧迫。要下决心推动短板产品国产替代，拓展国内供应商，培育可替代的供应链。在补短板的同时，还要注重锻长板。疫情催生了以数字技术为支撑的新产业生态，应顺势而为，推进制造业数字化、智能化升级，加快运用人工智能、大数据、物联网等技术改造传统生产工艺，提升制造业创新力和国际竞争力。这不仅将创造大量投资机会，有效扩大国内需求，还将推动技术创新和产业变革，形成更多新的增长点和增长极，拓展生产可能性边界，为经济发展培育新优势、注入新动能。

第四，更加注重依靠改革激发市场潜能。

越是面对挑战，越要推进改革开放，发挥好改革的突破和先导作用。要健全以公平为原则的产权保护制度，依法平等保护民营经济产权，激发民营企业投资热情。健全公平竞争的市场环境，强化竞争政策基础地位，建立健全竞争政策实施机制。深化要素市场化配置改革，加快出台农村集体经营性建设用地入市指导意见，深化农村宅基地“三权分置”改革，建立城镇基本公共服务与常住人口挂钩机制，全面推行股票发行注册制改革，深化职务科技成果产权激励制度改革，加快培育技术和数据要素市场。通过深化改革提高资源配置效率，释放经济增长潜能，增强经济发展内生动力。

把握跨越“中等收入陷阱”的关键期

郑之杰

十三届全国政协委员、国家开发银行原行长

“十四五”时期，我国将进入新发展阶段，这是全面建设社会主义现代化国家、向第二个百年奋斗目标进军的阶段，也是我国跨越“中等收入陷阱”的关键期。把握这一关键期，推动我国成功跨越“中等收入陷阱”，对于促进社会公平、增进民生福祉、夺取全面建设社会主义现代化国家新胜利具有重大意义。

一、“十三五”时期我国经济社会发展取得重大成就，为跨越“中等收入陷阱”奠定了坚实基础

过去5年，面对纷繁复杂的国内外形势特别是新冠肺炎疫情严重冲击，在以习近平同志为核心的党中央坚强领导下，我国经济实力、科技实力、综合国力跃上新的大台阶，“十三五”规划目标任务即将完成，决胜全面建成小康社会取得决定性成就。

一是经济实力大幅跃升。2019年国内生产总值达到99.1

万亿元，折合14.4万亿美元，预计2020年国内生产总值将突破100万亿元。2016—2019年，中国对世界经济增长的年均贡献率接近30%，持续成为推动世界经济增长的主要动力源。同时，2019年中国人均国内生产总值、人均国民总收入均首次突破1万美元，稳居上中等收入国家行列，使全球人均国内生产总值超过1万美元的总人口数增加了14亿，这在人类发展史上都有积极意义。

二是经济结构持续优化。2016—2019年，最终消费支出对经济增长的年均贡献率为61.9%，稳定经济运行的压舱石作用明显。重点领域投资持续较快增长，数字经济、平台经济蓬勃兴起，新型城镇化稳步推进，到2019年末，常住人口城镇化率达到60.6%。

三是创新引领作用凸显。基础和前沿领域取得一大批标志性成果，新产业、新业态、新产品茁壮成长，发展新动能正在深刻改变着生产生活方式，塑造中国发展新优势。2019年，我国科技进步贡献率达到59.5%。

四是脱贫攻坚取得重大胜利。如期完成了新时代脱贫攻坚目标任务，近1亿贫困人口实现脱贫，全国832个国家级贫困县已全部摘帽，“两不愁三保障”全面实现，解决了困扰中华民族千百年来的绝对贫困问题，提前10年实现了联合国2030年可持续发展议程的减贫目标，创造了人类减贫史上的伟大奇迹。

五是人民生活显著改善。2016—2019年，全国居民人均可支配收入年均增长6.5%，快于同期人均国内生产总值增速，中等收入群体超过4亿人；2019年全国居民恩格尔系数下降至28.2%，居民生活质量不断提升。“十三五”时期的伟大成就，为开启全面建设社会主义现代化国家新征程奠定了坚实基础，更加坚定了我们跨越“中等收入陷阱”的信心。

二、发达国家跨越“中等收入陷阱”为我国提供了启示和借鉴

“中等收入陷阱”问题与国家政局、经济发展、社会治理等因素密切相

关，其实质在于一国在跨入中等收入阶段之后面临经济转型与社会转型的“双重困境”。历史上看，那些没有跨越“中等收入陷阱”的国家，无一不是遭遇经济转型与社会转型的失败，基本上可以概括为经济失速、结构失衡、资金失血、应对失当。反观以美国、英国、德国、日本为代表的发达国家，虽然进入高收入阶段的路径与策略不尽相同，但无一例外都成功实现了经济转型和社会转型。据亚洲开发银行研究，美国、英国、德国、日本从中高收入阶段迈向高收入阶段分别经历了21年、20年、13年、9年。按照世界银行2020年公布的最新标准，人均国民总收入在12535美元以上的国家被定义为高收入国家，目前我国离这一标准还有2000多美元的差距。因此，“十四五”时期是我国跨越“中等收入陷阱”的关键期。从发达国家率先成长为高收入国家的经验看，主要有以下几点。

注重转变发展方式，大力推进技术创新。经济增长主要有两个来源，一个是要素积累的增加，一个是全要素生产率的提高。发达国家的实践表明，从低收入阶段迈入高收入阶段，首先要转变经济发展方式，从主要依靠要素投入转变为依靠技术创新能力提升。比如，美国在工业化后期，经济增长主要依靠技术进步而不是单纯的资本积累。美国经济学家索洛研究提出，20世纪上半叶美国人均产出增长的87.5%源于技术进步。

注重发展教育，创造更多“人才红利”。发达国家的工业化首先表现为人的专业化，劳动力专业化素质和劳动生产率的提高在经济发展过程中起着重要作用。比如，美国教育投资随着工业化发展成倍增长；德国建立了世界上最好的职业技术教育体系；日本积极推动基础教育和中等教育普及，有效增加了人力资本积累。

注重完善市场机制，为企业营造公平公正的竞争环境。完善法律制度体系、维护市场秩序，保证中小企业在同等市场条件下平等参与市场竞争及合作，是发达国家的普遍做法。比如，英国政府不断转变职能，把主要精力放在弥补市场失灵和提供公共产品上，充分激活市场机制的活力；德国被称为“法治经济国家”，有着完善的经济法律法规体系，这为稳定市场秩序提供了有力制度保障。

注重调整产业结构，为城市化提供持久动力。整体上看，没有工业化就没有城市化，但工业化发展到一定阶段以后，对城市化的带动作用会逐渐减弱，而服务业的兴起，将会持续吸纳就业、促进城市化发展，进而推动形成以中产阶层为主体的社会群体。以美国为例，其工业化率从20世纪50年代以后开始下降，但城市化率仍持续上升，其中现代服务业逐渐成为城市化的主要动力。

注重促进社会公平，缓和心态危机、维护社会稳定。从中等收入迈向高收入阶段过程中，整个社会的生活方式、价值理念、心态文化、利益格局、治理方式等都将发生重大转变，如果应对失当，就会产生道德滑坡、信任丧失、社会整体失序等一系列社会问题，导致社会矛盾激化甚至社会断裂。美国进入20世纪后，一度出现社会矛盾不断积累、阶层对立持续恶化的局面，对此，美国政府加大收入再分配力度，缩小贫富差距，重塑主流价值观念，实现了社会的稳定发展。20世纪中叶，英国、德国、日本都通过全面的制度调整和社会建设，建立福利制度，完善社会保障体系，为社会稳定提供了“减震器”和“安全网”。

三、把握“十四五”关键期，推动我国跨越“中等收入陷阱”

当前，我国发展不平衡不充分问题仍然突出，结构性、体制性、周期性问题交织，特别是创新能力还不能适应高质量发展要求，城乡之间、不同群体之间收入差距依然较大，公共服务等领域存在短板，社会治理还有明显不足等。但同时也要看到，我国发展具有诸多有利条件，有独特的政治和制度优势、雄厚的经济基础、巨大的市场潜力，发展具有强劲韧性，经济长期向好的基本面没有改变。党的十九届五中全会为我国“十四五”时期乃至更长时期的创新发展描绘了蓝图，作出了战略部署，也为推动我国跨越“中等收入陷阱”指明了方向和路径。把握“十四五”关键期，推动我国跨越“中等收入陷阱”，应重点做好以下几个方面工作。

全面深化改革，推动有效市场和有为政府更好结合。跨越“中等收入陷阱”，处理好政府和市场的关系是关键。落入“中等收入陷阱”的国家，绝大多数都没有处理好两者的关系。我们要吸取这些国家的教训，通过全面深化改革，把政府和市场两方面优势发挥好、结合好。一方面，充分发挥市场在资源配置中的决定性作用，通过营造公平竞争的市场环境，激发各类市场主体活力。另一方面，更好发挥政府作用，厘清政府行为边界，在尊重市场规律的基础上，用好用足政府组织协调优势，推动市场建设、弥补市场失灵。

强化科技创新，加大技术供给、提高产业竞争力。创新是引领发展的第一动力。我国要跨越“中等收入陷阱”，必须坚定实施创新驱动发展战略，走适合国情的创新路子，特别是要把原始创新能力提升摆在更加突出的位置，努力实现更多“从0到1”的突破。跨越“中等收入陷阱”，关键是保持经济长期稳定增长。要通过技术进步提升经济潜在增速和持续增长能力，加强5G、人工智能、大数据等新技术的运用，为经济发展提供新的平台和机会。

加大人力资本投入，充分激发人才活力。人力资本积累是跨越“中等收入陷阱”、实现长期稳定发展的重要基础。目前，我国整体教育资源不足、教育机会不均等的问题仍然十分突出，挖掘“人才红利”尚有很大潜力。下一步，要持续加大教育投入力度，发挥在线教育优势，充分运用新技术推动优质教育资源共享，促进教育公平，加快人力资本积累。

完善社会治理，强化预期管理、促进和谐稳定。社会治理现代化是跨越“中等收入陷阱”的基本条件。要健全多层次社会保障体系，深化收入分配制度改革，缩小城乡、区域、不同群体间收入差距，扩大中等收入群体。同时，加强社会预期引导，以社会主义核心价值观引领文化建设，培养公众理性平和的健康心态，营造安定有序的社会环境，促进社会全面进步。

加强法治建设，维护和促进社会公平正义。用良法奠基善治，以善治实现发展，是跨越“中等收入陷阱”的必由之路。要促进良法与善治相结合，深入推进全面依法治国，大力弘扬现代化进程中的法治精神，全面推进科学立法、严格执法、公正司法、全民守法，充分发挥法治在国家治理体系和治理能力现代化中的积极作用，强化经济社会发展转型的法治保障。

扩大对外开放，更好利用国内国际两个市场两种资源。跨越“中等收入陷阱”不能在封闭的条件下推进。过去中国经济的发展是在开放的条件下取得的，未来，中国经济的高质量发展也必须在更加开放的条件下进行。我国要实施更大范围、更宽领域、更深层次对外开放，就要不断扩大经贸合作朋友圈，依托国内超大规模市场优势，构建以国内大循环为主体、国内国际双循环相互促进的新发展格局，促进我国同各国互利共赢、共同繁荣发展。

双循环如何畅通

李 扬

中国金融学会副会长、中国社会科学院学部委员、国家金融与发展实验室理事长

面对百年不遇之大变局，中国给出的答案是“双循环”。我想就“双循环”问题的若干方面跟大家共同探讨。

我讲两点：如何理解“双循环”；“双循环”的要点是循环，是畅通，在中国当前哪些堵点特别需要疏通。

第一个问题，如何理解“双循环”。

关于“双循环”已经有很多解释，但还是经常会听到一些误解，比如认为“双循环”就是重回自力更生，甚至恶意解释为闭关锁国，这肯定是错误的。在习近平总书记关于“双循环”理论的重要讲话中，我认为有四点论述是理解“双循环”战略的一个全面框架。

其一，用好国内国际两个市场、两种资源。

其二，加快形成以国内大循环为主体、国内国际双循环相互促进的新发展格局。

其三，新发展格局绝不是封闭的国内循环，而是开放的

国内国际双循环。

其四，对外开放是基本国策，我们要全面提高对外开放水平，建设更高水平开放型经济新体制。要是从这几方面来理解，就不应当对“双循环”理论有任何误解。

“双循环”理论的提出，其实与中国目前的发展阶段密切相关。十九届五中全会提出了新的发展战略。在这种情况下，作为一个走向强国的国家，我们需要在各个方面能够适配，包括对外关系方面。一个有影响力的强国，不能对世界依赖过高。以德国、美国、日本三个国家进行比较：德国因身处经济高度一体化的欧盟，所以对外依存度达到70.8%，高于中国，但是德国在高度一体化的经济体中是占据主导的；而美国和日本的对外依存度分别为19.7%、28%，均低于中国的35.7%，所以我们需要调整。

这个调整不是今天才提出的，从改革开放开始，中国经历了从封闭国家走向开放型国家，从一个封闭的发展中国家走向一个具有中等收入国家的过程，在这个历程中我们的对外依存度是逐渐提高的，且最高达到60%以上。所以，从2007年外向型经济就开始调整，而且进行得非常迅速。到了2019年正式提出这个战略的时候，对外依存度已降至35.7%，调整了一半。这也是我们适应国内发展条件、适应国际环境做出的理性之举。未来还有调整的空间，对此我们需要做好准备。

第二个问题，调整为“双循环”，而且是以国内循环为主体，需要注意哪些方面呢？

我的体会是，无论“双循环”还是“多循环”，要点都在于循环，所以疏通循环的一些堵点，是战略转型的要点。下面我从五个方面同大家分享一下关于哪些堵点是最重要的，怎么去突破。

第一，疏通国民经济运行的“堵点”。国民经济循环的架构包括生产、分配、流通、消费四个往复的环节，我们按照顺序去看每一个环节。

生产环节，要点是供给侧结构性改革。主要包括三大问题：一是关键核心技术。如果不能够解决，整个价值链、生产链就会断裂，生产能力就不可能发挥主导作用。二是产业布局，和第一个问题密切相关，但是扩展到了产业层面，有些产业发展过度，有些产业发展不够充分，因此要迅速在供给侧结构性改革的大架构下调整产业结构。三是产业链供应链，要让供应链能够顺畅地运行。

分配环节，也是三个问题。一是提高工资在初次分配中的比重。所谓初次分配主要就是劳动和资本两个要素的分配。提高工资在初次分配的比重，就是降低利润的比重。当然我国初次分配的内容还包括政府用生产税的方式直接介入初次分配，因此政府的收入也要调整。二是资本和土地的问题，特别是土地的问题。自改革开放以来，所有大的改革都与土地有关，所有改革遇到的问题都与土地问题没有解决好有关。所以现在土地的问题，特别是与土地相关的确权问题、交易问题再次被提出，如果处理不好会是堵点。三是数据，是一个新因素。我们要发展数字经济，而数据作为一种资源在整个资源配置中的作用越来越大。

流通环节，主要是成本问题。在经济学里纯粹流通费用是社会资源的消耗，因为它不能吃、不能穿、不能用，纯粹是把东西搬过来搬过去。所以，降低流通成本就是提高经济效率的一个非常重要的入手之处。中国的流通成本在1991年是23.7%，2019年是14.7%，而发达国家平均仅6.5%，因此，可压缩的空间非常大。

消费环节，我们要优化消费环境，保护消费者权益，只有做到这些，才能真正让消费成为国民经济的支柱。

第二，降低制度成本最重要。讲了实体的成本之后，中国的问题立刻转到制度上。为什么近几年中央不断地、持之以恒地要优化营商环境？就是因为制度成本太高，社会营商环境不好，因此，降低制度成本非常重要。面向降低体制成本的法治体系和公平营商环境等“软环境”建设，和面向降低流通与信息成本的信息网络基础设施建设等“硬环境”建设同等重要。后者大家容易认识到，前者大家不太容易认识到，而且改起来也相对困难一些。

第三，为市场化资源配置机制创造条件。在市场经济条件下，资源配置是需要有信号的，最重要的信号是金融信号。金融信号里最重要的是三个“率”：一是利率，利率决定了是投资多一点还是消费多一点，也决定了资金的流向，是往这个地方流还是向那个地方流，向这个产业流还是向那个产业流，向这个企业流还是向那个企业流。二是汇率，汇率决定了资源配置的优先顺序，国内和国外哪个更优先。三是国债收益率，国债收益率曲线是资金在不同的产品上怎么分布，怎么定价。

第四，全面深化金融改革，为转型提供有效载体。在市场经济条件下，所谓资源配置是以金融的运行、金融机构的运行为载体的。因此为了适应这样的转型，金融需要全面改革，主要包括五个方面：一是金融体系需要商业性金融、开发性金融、政策性金融、合作性金融分工合作、相互补充。二是要特别发展保险、养老基金以及各类非银行金融机构来面对老龄化等问题。三是要建设一个规范、透明、开放、有活力、有韧性的多层次资本市场。四是发展金融科技，改造传统金融业。五是全面加强金融基础设施建设。以上每一件都是非常大的题目。

第五，充分发挥数字经济的优势。在划分经济发展的起点时，往往以技术进步作为起点，而现在我们正面对一个天大的技术进步，就是数字经济，因此，现在的转型是建立在新的起点上。据统计，中国的数字经济在世界上排名靠前但不是最前的。下一步要充分利用数字经济的优势推动转型，在这个问题上，有几点是需要强调的：首先，面对以数字为基础的资源配置新格局，所有的资源都要数字化；其次，现有的产业、经济活动可以被无限制地解构，这看起来是不可间断的过程，但在数字化的基础上可以被无限切分，于是可以交由不同的专业机构分工进行；最后，在切分解构的基础上重新积聚，形成新的交易体系、产业链、价值链，这就是数字经济。

所以，在数字经济的基础上推进“双循环”，就必须有新的眼光。在向新格局转型的过程中，要充分利用数据资源和数字技术，实现资源配置、生产和服务过程的智能化、智慧化、自动化、柔性化、定制化，促进中国经济高质量发展。如此一来，党的十九届五中全会提出的“十四五”目标，2035年的目标，以及2050年的目标就一定能够顺利实现。

“十四五”时期四个方面的重点关注

刘元春

中国人民大学副校长

“十四五”是大家关注的核心话题，党的十九届五中全会通过的《中共中央关于制定国民经济和社会发展第十四个五年规划和二〇三五年远景目标的建议》已经对“十四五”的目标、重点战略工作进行了全面统筹、全面部署。2021年3月，国家将出台规划纲要，对于规划建议所提出来的“十四五”的战略目标、战略举措、战略路径，进行全面细化及落实。关注“十四五”新征程，重点聚焦在以下几个方面。

第一点，“十四五”是跨越“中等收入陷阱”的关键期。按照“十四五”规划的目标，我国将在2025进入高收入国家行列。要跨越“中等收入陷阱”，我国人均GDP要从2020年底的1.1万美元，提升到2025年高收入国家门槛值的水平。世界银行2020年公布的高收入国家门槛值是12375美元。一般而言，门槛值是动态调整的，每年会提升200美元左右。也就是说，到2025年，高收入国家的门槛值将会达到13300美元左右。如果在未来五年，经济增长速度能够保持在5.5%

左右，我国人均GDP水平将稳定达到13700美元。因此，只要我们能够保持战略定力，做好自己的事，在未来五年就能够跨越“中等收入陷阱”。

跨越“中等收入陷阱”，对于中国模式、中国道路乃至整个中华民族的崛起都至关重要。因为这是一种经济模式，是成功的关键标志，要达到这样的水平，我国必须加大改革、加大调整，在战略深化上做足文章。

第二点，未来五年将会是中美大国博弈的窗口期和关键期。在未来五年，中美之间的博弈将会发生很重要的转变——从目前不平等、不平均的博弈向对等博弈转换。

在转变的过程中，就会从极限施压向持久、均衡状态过渡。那时美国的战略战术将会发生一系列调整，中国的战略战术也将发生剧烈的调整。如何保证未来五年成功的转化？核心要点是要按照战略进行发展，使经济增速稳步保持在5.5%左右。

第三点，未来五年将会是新型城镇化突破的五年，是以人为中心的城镇化大力发展的五年。到2020年年末，中国城镇化率将达到61%，数据非常亮丽，但是距离全世界平均水平依然有差距，距离发达国家更有差距。因此在未来五年我国依据常住人口所测算的城镇化率要达到65%以上，也就是说每年城镇化率提升0.8%，这将使城市的承载功能大幅提升。

当然，最为关键的并不是常住人口的城镇化率，而是城镇居民户籍人口的城镇化率要大幅度提高。2020年底我国户籍人口城镇化率仅仅为45%，比常住人口的城镇化率少16%。这16%中很重要的因素就是农民工，如何使农民工在未来五年能够在户籍管理、公共服务上面得到突破性的发展，对于改变城乡结构、收入结构，构建城市群、城市带具有至关重要的作用。未来五年如何通过户籍制度的改革、社保体系的改革、公共服务均等化的改革，以及农村土地制度、经营制度的改革，来配合农民工城镇化，就变得非常重要。

第四点，要关注的核心问题，就是关键技术与核心技术。在目前所确定的科技发展、自立自强战略作用下，核心技术能不能取得突破性的进展？科技发展、创新驱动将会是现代化征程中最核心的推动力，也是“十四五”、2035年整个战略的根本所在。科技是第一生产力，目前中美贸易冲突、中美之间的大国博弈日益激烈，要走出困境，就需要在关键技术、核心技术上有所突破，来解决“卡脖子”的问题。而目前所构建的一整套的科技创新体系是否能够真正解放生产力、发展生产力，检验的最关键结果就是未来五年一系列“卡脖子”问题能否得到缓解与突破。

未来五年，一方面要发挥举国体制优势，建立国家科技力量体系，同时也要发挥大市场孕育大创新体系的作用，使中国真正能够从要素驱动向创新驱动转变，这是未来五年的关注点。

将以上这四点集中起来就是第五个问题——未来五年是形成新发展格局的关键五年。新发展格局是统领“十四五”和未来一段时期基础性核心战略，它要求形成以国内大循环为主体，国际国内双循环相互促进的新发展格局。在这种格局中，要兼顾发展与安全，要在极端情况下也能保住中国产业链、供应链不断链，中国的大循环依然畅通，中国的国民需求不会受到各种因素的极端冲击，因此如何在科技创新、在供给侧结构性改革、在有效需求扩大战略上面做足文章，打好基础，在未来五年就显得非常重要。

“十四五”这五年是承上启下的五年，是高质量发展、全面突破的五年，更是为建成社会主义现代化强国打下良好经济基础的五年，同时也是战略深化、战略调整、战略对接的五年。新征程注定不平凡，注定要艰苦卓绝，但也注定必将取得辉煌成就。

基础研究投入比重低是创新的短板

张燕生

中国国际经济交流中心首席研究员

中国现在已开始进入“十四五”规划时期，也就是处在“十三五”规划的收官与“十四五”规划的开局时期。在“十三五”期间，非常重要的实现“全面建成小康社会”目标将进入收官阶段。

“十四五”以前的40年改革开放时期，中国的经济取得了非常辉煌的成就：我国从计划体制向市场体制转轨；从内向型战略向外向型战略转型；从农业经济向工业经济转变。现在，中国已经是世界第二经济大国、第一外贸大国以及第一制造业大国。

2021年，中国将进入“十四五”，这是新30年的开局之年。从“十四五”开始，中国将进入全面建设社会主义现代化强国的30年新征程。

新的30年，中国正站在一个历史的转折点，这个历史的转折点可以用三个“新”来描述。

第一个“新”是指立足新发展阶段。新发展阶段是从

2021年到2050年全面建设社会主义现代化强国的阶段。在这个过程中，需要讲好三个故事。

第一个故事是，在未来30年讲好科学、技术、人才、创新如何能进入到世界前沿的故事。

我国要探索回答李约瑟之谜、钱学森之问以及周期律的问题。我国还要探讨未来，探索科技创新，并使其成为未来高质量发展的第一动力。

从这方面而言，过去40年改革开放为未来30年讲好科学、技术、人才、创新的故事奠定了坚实基础。2020年，中国全社会研究发展经费的投入已经超过了2.44万亿元人民币，而且研发强度已经达到了2.4。

中国六个省市的研发强度已经超过了经济合作与发展组织（OECD）的平均水平，比如北京、上海、天津、广东、江苏、浙江。其中，广东2019年创新投入超过3000亿元人民币，上海、江苏、浙江、安徽等长三角地区，2019年创新投入也已经超过6000亿元人民币。如果沿着这个态势再往下发展10年，广东10年投入创新的经费累计有可能超过4万亿元人民币，长三角地区可能会达到7万亿元到8万亿元人民币。

这么大的一笔资金投入创新，未来的10年，我国的科技发展将出现从知识的流量到知识的存量，从创新的数量到创新的质量，从汗水驱动发展到科技创新驱动发展这样一个新旧动能转换、新旧结构转换、新旧模式转换的历史性变化。

那么我国短板又是什么？

目前为止，我国增长最快的科技创新投入是以市场为基础，以企业为主体的开发和实验研究。也就是说，我国的短板是基础研究投入占整个创新投入的比重较低。其实，这一比重在2019年第一次超过了6.03，但这一数据与美国等发达国家相比仍不出彩。我国基础研究投入比重较美国低12个百分点。创新链方面，我国的基础研究投入曲线仍然平缓；应用基础研究经费投入的增长也趋于平缓；高新技术和公共技术的创新投入和支撑依旧是薄弱环节。

因此，从“十四五”开始，我国要解决三个重要的问题。

第一个重要问题是增加对科学、技术、人才、创新的投入。我国首先要解决科技创新的体制机制，要建立一个让科学家能够静下心来做科学发展，让工程师能够静下心来做技术发明，让企业家能够静下心来把科学家的科学发现、工程师的技术发明转换为新产品、新市场、新管理、新要素的体制机制。

第二个重要问题是营造全方位开放的科技创新生态。也就是让全球的科学家、工程师、企业家与中国在同一个开放、创新的生态平台上，共同推动科技创新。

第三个重要问题是营造跨境创新网络。在基础研究领域，和世界一流的大学合作；在应用基础研究领域，与世界一流的科研院所合作；在高新技术和公共技术研究领域、开发和实验研究领域，和世界一流的平台、企业合作。从这个角度而言，以“十四五”为起点，未来的30年，中国要讲好科学技术、人才创新的故事。而“十四五”规划也涉及在这个方面如何开好局、起好步。

第二个故事是如何能推动规则、管理和标准的现代化，推动我国的制度现代化、法治现代化、治理现代化，并且与国际高标准的制度相衔接。

从“十四五”开始，我国将推动规则等制度型开放上一个新的层次。在这方面，从“十四五”开始，在制度型开放、经济体制改革上，我国要打好三个攻坚战。

第一个攻坚战是深化要素市场化配置改革。通过要素市场化配置的体制改革，让土地、劳动力、资本、技术、数据以及各类能源资源等的市场配置机制发挥决定性作用。

第二个攻坚战是优化营商环境。尽管我国整个2019年的营商环境在全球排第31位，但仍存在四个短板，分别是：企业获得信贷，我国在全球排第80位；企业纳税，我国在全球排第105位；跨境贸易，我国在全球排第56位；企业退出机制，我国在全球排第51位。因此，从“十四五”开始，补齐金融信贷、财政税收、跨境贸易、产权制度四个短板，是营商环境改革的攻坚战。

第三个攻坚战是加快科技创新的体制环境改革。从这个角度来讲，第二个故事要讲好，就要有制度的现代化、法治的现代化、治理的现代化做保障，并且要与全球高标准的制度相衔接。

第三个故事是推动中国的产业链、供应链、价值链、创新链进入世界高端行列，并且与全球体系对接。

在这方面，我国要建设现代产业体系。现代产业体系是指推动实体经济、科技创新、现代金融、人力资源协同发展的现代产业体系。因此，从“十四五”开始，我国的首要变化是破局与新生，要主动适应新发展阶段，需要讲好三个故事分别是创新、法治和高端。

第二个“新”是贯彻新发展理念，推动共同富裕。

“十四五”将以高质量发展为主题，要以满足人民日益增长的对美好生活的需要为根本目的。要想使新发展理念落地，就要坚持让创新发展成为第一动力，协调发展成为内生特点，绿色发展成为普遍形态，开放发展成为必由之路，共享发展成为根本目的。而这五个新发展理念落地，很大程度上能满足人民日益增长的美好生活需要。

我经常想，“50后”“60后”人们的美好生活需要什么？他们正在步入老龄，他们的需要或许是老有所养、老有所依。而对“70后”“80后”而言，他们上有老、下有小，是社会的中坚力量。如何提高老百姓的收入，如何能够扩大中等收入人群，如何解决社会中坚力量的困难，我认为这是“十四五”开始要做好的一篇大文章。那么，“90后”“00后”“10后”的新生代，他们对美好生活的需要是什么？他们对美好生活的需要是非常个性化、多样化的，讲究主观体验、讲究虚幻。满足新生代对美好生活的需要，中国大脑是不够的，还需要世界大脑，中国服务是不够的，还需要世界服务，中国创造是不够的，还需要世界创造。因此，我国需要与世界合作。

第三个“新”是新发展格局。

从“十四五”开始，我国要加快构建以国内大循环为主体，国内国际双循环相互促进的新发展格局。新发展格局是中国将迈向大国的发展战略，是一个开放大国的发展战略，一个负责任大国的发展战略。因此，我国以国内大循环为主体，就要扩大国内消费、国内投资、国内进口需求。而我国扩大进口需求就会给世界提供新订单，给世界提供新需求，给世界提供新的发展动力。

有一些人问，以国内大循环为主体，中国经济会不会与世界经济主动脱钩？以国内大循环为主体，中国经济会不会走向内向、内循？

我的回答很简单，中国就是要构建新发展格局。

比如，从“十四五”开始，我国的关税率会不会进一步下降？非关税率会不会进一步取消？我国的贸易投资便利化会不会进一步提高效率，降低贸易成本？我国的服务业会不会进一步扩大开放？

如果会，而且这四个方面真正开始构建一个更高水平的开放型经济新体制，形成一个全面对外开放的新格局，那么我们对中国未来的开放还担心吗？

还有朋友问，我国的规则、规制、管理标准是进一步与国际高标准的制度相衔接，还是相偏离？

如果我国下一步规则等制度型开放上一个新的层次，与国际高标准的制度进一步衔接，那么，我们还担心未来中国的改革开放是制度型开放还是倒退吗？

此外，当我国强调科技创新的自立、自强，很多朋友就担心会不会与国际、全球科技创新脱钩呢？

未来的中国在构建双循环新发展格局中，在科学、技术、人才、创新等方面是更加开放创新、开放合作、开放共享，还是走向封闭？我国的产业链、价值链、供应链和创新链是继续走向全方位国际合作，还是走向封闭？如果事实是走向知识型开放，也就是更高水平的开放，那么我国需要的就是行动，而不是争论和担心。

从这些角度来讲，“十四五”规划是一个和过去不一样的规划。因为，它是面向未来30年，面向第二个百年——中华民族伟大复兴的百年目标，面向全面建设社会主义现代化强国的一个五年规划。

“十四五”规划的四个重点

姚　洋
北京大学国家发展研究院院长

今天我想和大家分享的是“十四五”期间国家的一些重点政策的变化。众所周知，“十四五”规划是习近平总书记亲自组织、制定的一个规划，这跟以往的五年规划有非常大的不同。“十四五”是一个非常特殊的节点，我们即将完成第一个百年目标，全面实现小康。

“十四五”规划是我们向着第二个百年目标发起冲刺的第一个五年规划。第二个百年目标是到2050年我们要建成社会主义现代化强国，实际上我们只剩下30年的时间。在这30年的时间里，我们要做哪些事情？重点在哪里？我认为从“十四五”规划里，已经看出来一些端倪。我在这里重点和大家分享四个领域的主要政策的转向。

“十四五”规划是一个非常全面的规划，而我要谈的这四个方面，是“十四五”规划里重点中的重点。

第一，关键领域技术的自主，能够实现在极端情况下，我们自己的产业链可以比较正常地运转。

第二，要有一个新型的城镇化或城市化的目标。之前，我们是提城镇化，现在是提城市化，城市化的区域布局会发生大变化。

第三，公共服务的均等化，我们要触及全国范围之内的共同富裕。

第四，是非常重要的一部分，就是强调绿色发展。

下面我把这四个方面展开来讲。

第一个方面是关键领域技术的自主。我认为这是“十四五”期间最重要的一项工作，是排在第一位的工作。“十四五”规划提出了国内国际双循环的新发展格局。其中新的部分是国内循环。在过去的40年中，我们国家的经济主要在强调对外开放、外循环，我们也取得了非常大的成就，如果没有对外开放，如果中国没有融入世界的体系，我们就不会看到今天的中国。

但是，金融危机之后，全世界的需求普遍下降。我们从10年前就已开始将需求转向国内，所以国内消费占GDP比重越来越大，2010年是48%，现在已经增加到了55%。

所以国内的循环，其实已经发生变化。为什么在这关键时刻我们要强调国内国际双循环，而且以国内大循环为主体呢？最重要的是我们要实现在关键领域技术的自主，当然这个变化是和国际环境的变化有关系的。要做好这一点，我认为还有很多问题值得我们去探讨。“十四五”规划里提到，我们要建立一个在特殊情况下、极端情况下，能够自我运转的产业链。

第二个方面是新型的城市化。在过去，我们的城市化可以用所谓的遍地开花来概括。小城镇大问题是费孝通先生在20世纪80年代提出来的，所以发展小城市、小城镇这一城市化道路，是我们国家几十年的非官方的城市化政策。

但是“十四五”期间提出来的是一个新的城市化思路，是我们的人口要向一些主要的城市化区域集中，如珠三角，长三角，武汉、长沙一带，四川盆地，郑州为终点的陇海线、京广线，这些地区组成了一个十字，还有西安咸阳地区和京津冀地区。可以想象，未来10到15年，更多的人口会集中在这些区域，20年、30年之后，这些区域会集中中国60%到70%的人口。那么这样一个新的城市化的趋势，会大大地改变中国经济活动的分布。中国的总人口在未来的十几年中还会下降，但刚刚提到的这些区域，人口可能反而会增加。这对于经济活动会产生巨大的影响。现在经常说到东北人口在流出，我认为东北人口还会继续流出，除此之外，一些中西部，一些非中心城市区域人口也会流出，经济活动会向着上述这些区域集中。

下一轮的城市化大概还有两亿多人要走进城市，中国未来的城市化水平应该达到75%到80%，这会成为支撑中国未来10年、20年经济增长的重要源泉。中国经济增长的速度可能不会像一些预测说的那样，很快掉到一个水平，我认为，至少在未来5到10年里，中国经济的增长速度平均达到5.5%还是有可能的。

第三个方面是公共服务的均等化，就是共同富裕。公共服务均等化有哪些方面呢？第一个方面是城乡一体化。对于生活在城市里的人来说，很多公共服务都是自然而然的事情，比如最简单的就是抽水马桶，听起来好像抽水马桶那么重要吗？抽水马桶太重要了，因为这是每个人每一天都要用好几次的东西，可是农村就很少。还有我们用的自来水，中国大概有两亿人用不上自来水，更别提上下水设施、煤气等东西。

那如何给农村居民提供这些公共服务呢？目前这种分散的居住状态大大提高了我们公共服务均等化的难度。所以现在撤村并镇是必须做的一件事情，虽然对这件事有一些争论，那是因为人们有一种怀旧心情，感觉好像失去了过去美好生活的基础。但我想，所有的国家都会发生同样的事情，这是大势所趋，并且，有一些村庄还是会保留下来的。当然，还有农民的补偿问题，这是一个重要的问题，可以通过城乡一体化来解决。

另一个很重要的就是我们社保体系的全国统一。我们国家现在的社保包括养老保险、医疗保险等，统筹的范围太小，地区差异极大。

社保统一除了把公共服务拉平之外，其实还有一个非常重要的作用，就是让人员的流动更加顺畅。但是这个工作难度非常大，因为地区差异太大。我们可以由中央政府来统一社保，在这个社保中包括不同的社保计划，不同的地方可以采用不同的社保计划。

和社保相关的，其实还有户籍制度改革。我们以前提过几次户籍制度改革，但这个改革方案现在看来是激进了，比方说中小城市是完全放开户籍制度。所以我们户籍制度的改革，也应该是一个逐步的过程，我比较看好用居住证制度来代替户口制度，这是第三方面，是公共服务的均等化。

第四个方面就是绿色发展，我们在过去的十几年间已经开始关注环境保护，环境保护已经做出了非常大的成绩，现在各个城市蓝天白云的时间越来越多。但是我们还要面对全球气候的变化，中国在过去20年里，贡献了全球新增碳排放的80%，中国是碳排放最大的国家，所以国际对中国减排是有要求的，是有期待的。在国内随着老百姓生活水平的提高，老百姓对环境问题、对气候变化问题关注度越来越高，所以国内、国外共同的压力，促使我们把气候变化当作一个非常重大的事情来对待。

现在，我们提出来2030年中国碳排放要达峰。这个目标是极其紧迫的，因为时间非常短。大家知道能源使用，还有经济结构是不可能在短期内发生根本性的变化，我们现在就要加速推动这个变化。所以大家可能也注意到了，各个部委在出台一些政策，比如说碳交易，我们碳交易已经做了十几年的试点，但都不是很成功，不是很成功的一个非常重要的原因，就是我们没有设立一个总量减排的目标，所以如果要改变碳排放，第一步就是要设定每年减排的目标，然后把这个目标分解到各个省，各个省分解到各个城市，各个城市再分解到各个企业，那么高效的企业、排放比较低的企业，就可以把多余的碳排放拿到市场上去交易，这样才能真正地形成一个市场。

总而言之，“十四五”时期将会发生非常重大的转变，这个转变，第一是更加关注自主技术的建设，第二是更加关注新型的城市化，第三是更加关注社会领域的公平可持续发展，第四是更加关注绿色发展，应对气候变化。

保住企业才能保住就业和民生

李毅中

中国工业经济联合会会长、工业和信息化部原部长

我想就产融结合、振兴实体经济谈几点认识。

我准备了三个问题：第一是产融合作，第二是信贷、基金、资本市场三个金融工具，第三是当前金融业支持工业企业的几件事情。

第一，贯彻落实党的十九届五中全会通过的《中共中央关于制定国民经济和社会发展第十四个五年规划和二〇三五年远景目标的建议》，深化产融合作，实现新型工业化。

五中全会中有很多新的提法，到2035年基本实现新型工业化、信息化、城镇化和农业现代化，建成现代化经济体系。也就是说"四化"不仅要协同发展，而且要同步实现，这表明工业化仍有一个较长的历史过程，到2035年基本实现。

五中全会还说"要坚定不移地建设制造强国、质量强国、网络强国和数字中国"，这些都说明了供给侧结构性改革的主战场是实体经济。

金融是国民经济的命脉，我国金融业坚持为实体经济服

务，保障了经济、社会和民生。为规避和防止风险，大力振兴实体经济，金融业作出了巨大的努力。五中全会再次指出“要构建金融有效支持实体经济的体制和机制”，并且对“建立科技金融、普惠金融，深化银行业的改革、股市的改革，完善金融的监管，规范金融风险，防范金融风险等”提出了具体的要求。

要实现“十四五”和2035年的目标，工业和金融业要协调发展，把握好金融支持工业振兴的重点方位，要和国家的战略相吻合。那么，有哪些国家战略呢？

第一个战略是《中国制造2025》。这个文件明确了创新中心、智能制造、工业强基、绿色制造、高端装备制造五个重点工程。而且排列了10个先进制造业的重点，那就是新一代信息技术、高档数控机床和机器人、航天航空装备、海工装备和高技术船舶、先进轨道交通装备、节能与新能源汽车、电力装备、农机装备、新材料、生物医药及高性能医疗器械。同时，又深入推进没有列入的其他产业调整结构向高端迈进。

第二个战略是国家能源战略。这是习近平总书记在2014年4月提出来的，要推进能源的供应结构、消费结构、技术、体制四个革命，要扩大能源的对外合作，进而推进减碳减排、绿色发展、可持续发展。近些年我国向世界发出了两个信号，一个是在2015年《巴黎协定》以后，习近平主席在联合国大会上承诺，中国要在2030年力争提前实现二氧化碳排放绝对值的峰值，也就是说实现拐点。另一个是在最近的联合国大会上，我国再次承诺，到2060年前实现碳中和。碳中和不是不排，而是把排放量减到最低，要靠二氧化碳的再利用，靠森林积蓄量等生态“碳汇”吸收二氧化碳，把二氧化碳中和掉，这是更为远大的目标。

第三个战略是制造强国、质量强国的战略。提高供给质量是供给侧结构性改革的主攻方向和首要任务。要提高产品、工程、服务的质量，增加品种、品牌，开发优质、绿色、健康、安全的新产品，增加有效投资，补短板，锻长板，产业基础高精化，产业链条现代化，促进大循环的畅通。

第四个战略是建设数字中国。发展数字经济，推进数字产业化和产业数字化，这两句话是业界总结了二十年来推广“两化”深度融合的经验，得到了中央的肯定。还要推动数字经济和实体经济的深度融合，加快新旧动能的转换，实现工业制造业数字化转型。这些都是金融支持制造业、支持实体经济的重要方向。

第二，进一步发挥好信贷、基金、资本市场的重要作用。

首先，要优化银行的信贷结构，加大对工业制造业的信贷支持，无论是流动资金还是项目投资，银行信贷仍然是最重要的融资渠道。工业制造业技术密集、资本密集，工业贷款在全部贷款中的余额的占比应该和工业在GDP中的占比相当，工业在GDP中的占比目前是32%，但工业贷款在全部贷款余额中的占比只有18%。近年来，新增贷款重工业的比例占新增贷款中工业的比例是12%，虽然增加了，但还是太少。过去产能过剩的行业调整结构也要资金支持，不能一刀切，尤其不能抽贷断贷。我们高兴地看到银行已经采取了措施优化信贷，比如增加了中长贷的比例等。

其次，要多方合作，建立各种基金支持先进制造。国家先后设立了集成电路发展基金、新兴产业创新投资引导基金、制造业转型升级基金、中小企业发展基金、绿色发展基金，这五个是国家级的基金。鼓励银行通过子公司加大对基金的投入，带动社会资本支持工业基础再造，支持加快发展新兴产业，支持传统产业技术改造，支持以数字基础设施建设为中心的新基建。要鼓励和支持民营资本参与到国家重大项目中来，这方面开放得还不够。

最后，多层次的资本市场要支持工业企业直接融资，主板、创业板、新三板、科创板为企业上市创造了多种路径，沪港通、深港通也扩大了内地和香港的沟通，要进一步有序地扩大上市量，保持新股发行的常态化，完善IPO发行的监管标准和上市公司再融资的制度，加大对科技创新企业的支持。据悉2017年以来，有246家战略性新兴产业企业实现了IPO，占新上市企业的一半。发挥资本市场并购重组主渠道的作用，促进企业做强、做大、做优。要支持企业多渠道进行股权融资，还要鼓励证券基金经营机构为企业提供投融资渠道，支持先进企业扩展债券融资，比如说发行公司债、可转换债以及双创债等。

第三，金融业要大力支持工业企业降本增效、创新创业、扩大开放和疫后复兴。

首先，企业减负债、降成本需要银行支持。当前全国规模以上工业企业的资产负债率为56.6%，不算高，但是一些行业和一些企业却债台高筑。比如中央企业的负债高达67.2%。2003年，国资委组建的时候就已经达到了这个数字，十多年过去了，负债率仍然居高不下，其中电力、民航更高。我们的企业要提升盈利能力，用资本收入补充资本金，这是主渠道。但同时要发展直接融资，支持企业上市或者挂牌融资，支持企业发行多品种债券。新一轮债转股要按照市场化、法治化的原则实行股权融资，20年前，银行为第一轮债转股的成功作出了巨大的贡献，希望第二轮债转股按照规定的原则实施，股权融资、投贷联动，银行仍能够予以支持。

企业降本减费，其中降低财务费用是重点之一，银行多次降准降息已经见到了效果，同时希望能够进一步完善利率定价机制，尽量减少各种收费，包括企业反映的担保费、评估费、咨询费、审计费等。汇率的变化影响企业汇兑损益，大集团一般都有自己的财务公司，希望能得到银行进一步支持指导，延伸对财务公司的服务链。

其次，发展科技金融支持企业创新创业。金融和科技在创新创业的全过程中，利益都是一致的，要利益分享、风险共担。在研发创新的初期需要种子资金、天使投资给予支持，尤其在成果转化产业化的过程中，更需要资金支持。我国的科技成果很多，但是转化率不高，最高也就30%，发达国家是60%到70%。转化率低的重要原因是缺乏投资，在这个阶段很少有人愿意投资，因为有风险，被业内称为“死亡之谷”。希望通过财政资源、科技贷款、创业风险投资等多渠道支持成果转化，支持成果的产业化和商业化，同时采用首台（套）保险、质量责任保险、新材料首批次保险等有效措施予以保障。

再次，支持企业进一步扩大对外开放。企业到境外合作合资，或者是实施并购，需要资金支持。在共建“一带一路”中有关的信用机构已经在沿线布局设点，运用银团贷款、项目融资、出口信贷等多种方式提供了金融服务，在设立丝路基金、建设亚投行方面发挥了重要作用。企业最担心的是对外投资的风险，其中最直接的是财务风险、资金风险，他们希望得到政府和专业部门的指导，也希望得到金融保险机构及中介机构的帮助，包括法律咨询、人员培训等。

最后，支持企业在疫后恢复振兴，缓解小微企业资金困难。目前，复工复产逐步向好，规模以上工业企业营收和利润较好，2020年10月规模以上工业企业的利润增长28.2%，能不能保持下去要看今后的发展。中小微企业状况也明显改善了，但是各类指标的统计显示，还没有恢复到2019年的正常状态。比如2020年10月中小微企业出口新订单指数是39.5%，2019年10月是43.7%，出口订单还没恢复。2020年10月资金紧张的企业占全部企业的比例是49.7%，2019年10月是44.9%，企业感到资金紧张的比例还有一半。从业人员同比减少了4%，有不少下岗或者失业的职工，所以要继续帮助中小微企业、个体工商户自立自救。要帮助企业去库存、增订单、补资金、减税费，我们希望银行能继续采取降准降息、质押贷款、延期还贷、改进服务等多种方式，发挥小贷公司、担保公司的作用，尽力弥补企业的资金短缺，避免资金断链。为尽快落实中央已经确定的减税降费的政策，各地还出台了一些地方政策减轻企业负担，帮助企业渡过难关，只有保住了企业才能保住就业，才能保住民生，保企业是根本。

深入推进产融合作要开展交流和对话，加强互动互助。在国家层面，我了解到，已经建立相关部委和银行之间的信息共享和工作连通机制；在企业和行业这个层面，要和当地的金融机构达成银企互信、共同见面对接项目、实现合作共赢。企业希望金融机构在改进服务和防范风险两方面都要加大力度，深化改革，完善现代金融监管，更加有效地支持实体经济。工业企业应该充分认识到防范系统性金融风险的必要性和艰巨性，做好自己的工作，做精主业，提高企业的盈利能力和还债能力，提高企业的信誉。

数字经济信息注入的能力会反向重塑市场供给

宋向前

加华资本创始合伙人兼董事长

加华资本成立于2007年，发展至今已经有14年的历史。在这十几年的时间里，我们助力于中国民营经济和中国品牌性消费的成长。正如我们所见，中国正处于消费和服务业崛起的超级时代。目前，中国的情况是既受疫情影响，同时在疫情影响下，数字经济又为传统行业的变革带来了一些机遇。

未来中国30年，是中国消费服务业崛起的30年。因为，中国有14亿人口的体量优势，是世界上最大的单一市场，有着超大规模市场体量的优势。随着人均收入水平的提升，可支配收入能力的改善，消费和服务业必然崛起。

在这个过程中间，中国诞生了越来越多的民族品牌，完成民族品牌的国有替代进口的过程，完成民族品牌的产业深化、品牌崛起，同时也为消费者赋能。

在这场疫情之后，世界发生了很大变化，疫情改变了人类的生活。数字经济对于传统行业的改造已迫在眉睫，提上了重要的议事日程。

很多原来做传统消费的企业，对数字经济和传统行业的改造认识不深。但面对疫情，相信大家都意识到，数字经济对中国经济未来成长的重要性，它成为中国经济未来增长、消费服务业发展的重要逻辑，成为未来消费和服务业崛起的重要基础设施。

加华非常愿意跟大家一起，在这样的时代变革中，在时代的转折点上，助力中国消费服务业，支持民营经济的发展。数字经济为中国消费发展趋势带来强烈改变。越来越多的企业从原来水大、鱼大时代的简单生产要素竞争，进入到现在强调精耕细作，现代管理科学制胜的新时代。在这个时代，数字经济、数字化浪潮对于传统企业的赋能和改变就变得非常重要。它不仅是个重大的应用工具，更是一个基础设施级别能量的释放，将会改变整个行业的竞争态势，改变消费服务业企业的竞争环境，同时也会提高他们的竞争能力。

过去的20年，数字经济对消费服务业的影响不那么明显。而经过了这场疫情，未来的中国消费服务业竞争中，数字经济将扮演重要的角色，其决定性作用将会日渐明显。

中国的消费市场环境结构性地发生了变化。越来越多的年轻人成为主要的消费人群，随着“90后”“00后”这代人成为主要的消费人群，他们都是数字的原住民，从小就是运用数字化的工具来打理自己的生活。他们所有的生活场景，全部围绕数字经济时代的移动媒体和社交媒体展开。他们的衣食住行、吃穿用度、娱教医养，所有的生活需要都被数字经济所包围、所改变。在这个发展过程中，数字经济对中国消费服务业的改变，伴随着这一代年轻人成为主要的消费人群，以及市场结构带来重大调整。这个调整是一个长周期，且具有决定性的趋势，这个趋势将是未来中国消费服务业发展的重要时代特征。

中国的“70后”大概有2.28亿人，“80后”大概有1.98亿人，“90后”大概有1.56亿人，“00后”只有1亿人多一点，到了“10后”估计可能就不到1亿人。虽然人口数量越来越少，但年轻人对于消费的诉求，对品质的要求越来越高，他们对于数字经济的了解，对移动媒体掌握和使用也越来越娴熟，他们就是数字的原住民。

社交媒体的兴起会带来消费和服务业态一个很重要的改变：商品的社交化属性会变得越来越重。那么商业的本质究竟是什么？一方面，商业的本质是商品交易本身；另一方面，商业也是信息的交换和信任的建立。

在过去的厂商时代，或者叫短缺经济时代，商品交易本身比较重要，大量的品牌性企业，以及消费和服务业的企业都是建产能、投广告、做营销，做渠道的深化、下沉市场，获取客户，以产品的生产为导向，是典型的“货找人”的过程。

未来由于数字经济的发展和移动社交媒体的发展，商业的本质中商品信息交换和信任建立就变得越来越重要。商品的社交化属性、货币化属性，社交的货币化属性会表现得越来越明显，这将会对商品交易本身带来更多的变革。在这个过程中，数字经济就起到非常重要的推手作用。从数字经济商品交易的社交货币化属性开始，中国的商业竞争、消费和服务业竞争进入了一个新的里程碑时代。

数字经济的发展会带来业务的数字化，也会带来数字的业务化。只有把数字经济掌握得很透，理解得很深，运营好的企业才能真正改变生产质量、生产要素、生产力和生产关系之间的配合，才能大量提高全要素生产率，才能实现公司层面的价值跃升。

产供销、人财物都因业务的数字化和数字的业务化而发生根本性的变革，这使人类的商业文明和消费、服务业、传统业务被数字经济推动改造，从而完成整个产业、行业、品牌和企业的价值跃升，在一定程度上实现新的商业范式创新，形成新的商业文明。

数字经济对传统行业的改造力度是非常巨大的，这是我们所有的企业家、消费服务业从业人员所不能忽视的问题。从供需两端来看，数字经济对中国消费服务业的发展趋势变革影响作用也特别大。一方面就是供给方，原来我们是“货找人”的逻辑，未来是“人找货”的逻辑。

由于信息从各个维度紧密地把人类连接在一起，特别是年轻人，掌握了信息工具的使用手段，运用移动社交的媒体，他们对社交的货币化属性掌握得更加娴熟，所以这一代年轻人，他们的消费特征、消费行为习惯会变得越来越趋向于“人找货”的过程。在这个过程中，中国的商业环境、品牌发育的逻辑、品牌文化和品牌红利都将形成，这个层面的逻辑就会发生一些根本性的变革。

数字经济对中国消费服务业的供求、供给端产生了非常大的影响。所有的品牌方和现代服务业的能力提供者，都要顺应时代潮流。随着5G时代的来临，随着AI人工智能的发育、发展、进步，未来在消费服务业中，真正的数据资产扮演的角色重要性会越来越明显。

一切业务的数字化，一切数字的业务化，将会推动整个产业结构的变化，推动行业的变化，同时也会使企业竞争能力发生根本性的变革。企业会在更高的层面上实现效率变革，效率提升，从而完成公司价值的一次跃升。

未来的30年是技术和传统行业、传统消费和服务行业的有机结合，这是一个有机增长的态势，将会使人类真正地实现一次新商业文明的跃升。很多公司、很多行业会涌现出非常多的优秀品牌，因此，未来中国的消费服务业是大有希望的。

从需求角度而言，有了数字媒体，有了这样的移动互联网工具，有了数字经济这样一个庞大的基础设施和网络，我们可以更好地通过数据资产来了解消费者，进行消费洞察。在这样一个进行了数据标签化场景的情况下，我们能更好地观测消费需求，更好地了解用户的消费行为和消费习惯，同样也能更好地理解未来的消费发展趋势，从而掌握更加有效触达消费者的品牌营销、组织生产、产品研发和内部运营管理的方法，这将使中国消费和服务业整个行业的发展，以及企业的管理和品牌的建立产生一些革命性的变化。

未来，可能因为数字经济的发展而诞生出建立在每个人身上的虚拟资产，实现对用户的千人千面画像的观测，从而掌握更多的消费信息，洞察更深、了解更多，掌握了更多的消费行为和消费习惯。

与此同时，在消费的组织方式上也会发生一些变革，过去我们是传统的厂商文化时代，建厂房、建渠道、打品牌，然后上市场，把产品通过一个冗长的产业链条送达到消费者的手中。相信未来由于数字经济对中国消费和服务业的改变，中国的消费发展趋势在数字经济的保驾护航中也会发生一些重要的改变。

在需求被数字化改造的情况下，供需关系将会不断地耦合迭代发展，进行新的供需关系的重新匹配和升级。

数字经济会带来中国消费服务业更多的升级变化，而且会产生一些我们称为产业互联网的变革，这将会极大地改变行业的效率、企业的效率，也会创造更多的消费福利给消费者。

万变不离其宗，消费和服务业的最终目的，是为了满足老百姓日益增长的美好生活需要，以及解决生产力和生产关系之间发展不平衡不充分的矛盾。在解决矛盾的过程中，数字经济就扮演了极为重要的角色，这是一个非常关键的历史机遇。

作为中国消费服务行业的专业投资基金，我们深耕这个行业已经14年之久。我们看到了时代发展的历史机遇，同时也看到了中国消费服务行业被数字经济改写，被数字经济变革，进行刷新进步的重要历史契机。因此，加华非常愿意跟大家一起研究这样一个变化。加华资本有一个最重要的历史使命，就是支持民营经济，助力中国消费服务业，我们的投资愿景是投人以资本，渡己以心诚。希望跟大家一起为推动中国消费服务业的发展，为迎接中国未来30年消费服务业崛起的超级浪潮而努力。

数字化时代的消费发展趋势

邓海清

中航基金首席经济学家

今天，我们探讨的主题是数字化时代的消费发展趋势。

20世纪90年代，互联网改变了世界。进入21世纪，尤其是这几年以来，数字化又改变了世界，数字化时代到来。数字经济与互联网经济有一定的继承关系，但更多的是超越。那么，数字化时代的消费发展趋势到底发生了哪些变化呢？

我们认为，中国已经走在了数字化时代的前沿。中国移动互联网设备大范围普及，C端、移动端社交媒体营销大行其道。基于大数据分析、区块链技术、人工智能、云计算手段等的应用大量出现，赋予了数字化时代更多的内涵、更多的工具。以5G、物联网、工业互联网、卫星互联网为代表的通信网络基础设施，以人工智能、云计算、区块链等为代表的新技术基础设施，以数据中心、智能计算中心为代表的算力基础设施等新基建快速建设。

在数字化时代，人们的消费行为发生了大的变化，既表现在每个个体消费模式发生了改变，也表现在企业的营销理念和销售模式被重塑。同时，在政府监管领域，大数据背景下的反垄断也成为一个新的命题，逐渐被社会所关注。

数字化时代的消费模式发生了一些变化。

第一，线上消费、电子商务迅猛增长，线上线下一体化加速融合，传统业态遭受重大冲击。根据统计局公布的数据，2020年1—10月，全国网上零售额91275亿元，同比增长10.9%。其中，实物商品网上零售额75619亿元，增长16.0%，占社会消费品零售总额的比重为24.2%。

这样一个数字代表什么呢？ 2020年1—10月，社会销售品零售总额的整体同比增速在9.4%到9.6%，甚至一度达到9%以下。可以看出，线上消费相对于传统社会零售来说确实是风景一枝独秀，特别在疫情期间，这一趋势表现得更加明显，线上购物、线上娱乐、线上办公都展现了强大的生命力。

第二，在数字化时代，企业端发生了非常大的变化。过去，消费者与企业之间的关系是“基于供给的消费”，到目前已经变成了“基于消费的供给”。这句话是什么意思呢？以前在商店里能买到什么，很大程度上是企业说了算，是先有产品设计，然后再批量化生产，最后提供给消费者。而现在，在数字化时代，消费者对产品的偏好更加深刻地影响着厂商。所以，消费端对产品的设计以及各种功效都起到更多的主导作用。

我们可以看到，在企业生产领域，批量化的工业化大生产不再适应时代需要，通过大数据分析深入挖掘消费者的个性化需要，进而实现定制化生产成为未来的方向。在企业营销领域，过去大量的企业通过投放电视广告或户外广告的方式来进行产品宣传。现在则是通过对用户行为数据的分析进行用户画像，实现精准的广告推送；采用直播带货、VR技术等新的营销手段改进用户消费体验。在数字化时代，企业生产经营活动从最初的纯线下、再到全线上，最终走向O2O模式。

数字化时代除了影响消费者、影响企业，也深刻影响了一个重要的环节，就是数字金融。数字金融的产生跟数字消费有着很密切的关系，数字消费场景的扩展为数字金融的应用创造了条件。中国以蚂蚁金服、腾讯等为代表的一批新型金融科技公司，开展业务的前提和基础都是客户行为的大数据，这些行为大数据为消费金融提供了非常好的支撑基础和条件。

对客户行为的大数据画像和信用分析实现了大数据风控，这跟传统金融非常不一样。此前的消费者金融，是传统的银行等金融机构所不愿意覆盖的，最主要的原因就是成本不经济。现在的数字金融，对于覆盖长尾客户、满足小额大批量快速交易这类金融需求具有无可替代的优势。

数字化时代的数字金融，实际上是在为数字消费以及数字化生产赋能。未来区块链技术以及类似的数字金融方面的技术应用，包括中国央行正在研发的数字货币，最快实现的应用场景可能在数字消费领域。

数字技术成为重塑供给、消费、金融三者间关系的决定性力量，从而改变了传统意义上的消费、供给、金融之间的关系。数字技术为消费者提供了线上消费的渠道，为生产者提供了用户需求和广告触达的新选择，为金融机构提供了大数据风控和长尾客户触达的手段。

数字化时代、数字消费确实给我们带来了很多的福利和好处，同时，数字化时代也出现了新问题——大数据时代消费领域中的反垄断。

在工业化时代，垄断形式主要有特许经营权垄断、自然垄断和技术垄断等。到了数字化时代，垄断的形式跟过去发生了很大变化，主要是大数据公司的垄断、社交平台和网络平台的垄断。新形式的垄断可能产生新的问题。

第一，大数据公司可能会通过数据优势获取竞争优势地位，而没有数据的小企业则难以生存，从而加剧了“大鱼吃小鱼”的局面，也使得小企业的生存更加依赖于大数据公司或平台公司，使中小企业跟大数据公司之间的谈判、议价能力受到巨大削弱，导致很多中小企业的利益在不平等地位之下严重受损。

第二，社交平台和网络平台凭借销售渠道优势进行不正当竞争，侵害商户权益。比如一些大平台，会要求商家“二选一”，导致商家销售被绑架。

第三，大数据公司和厂商通过掌握消费者的数据实行差异化的定价，实行价格歧视，最大程度地攫取消费者剩余价值，侵害消费者权益，比如大数据杀熟。

在数字化时代，消费者的隐私保护也出现新的挑战。大平台、大数据公司数字化技术的效果取决于对用户数据的获取和分析挖掘能力，这就产生了法律界、社会界都比较关注的几个问题：第一，大数据是数据公司的私有财产还是社会公共资源？第二，大数据公司及其软件是否有权获取用户数据并应用于商业用途？第三，用户是否有权要求大数据公司为使用自己的行为数据盈利而付费？第四，用户数据泄露如何进行处罚和赔偿？第五，用户遭受广告、电话推销骚扰如何有效维权？这些都是大数据时代可能遇到的大麻烦。

总体而言，在大数据时代、数字化时代，无论是消费、生产还是金融，以及政策监管，都将迎来新命题。数字化时代改变了人们的生活，也改变了工作方式。未来的数字化时代将会重塑消费的模式，重塑生产的模式，也将重塑整个经济运行的模式。对于中国正在构建的双循环新发展格局而言，数字化时代具有特殊的意义。

三 后疫情时代的资产管理

疫情之后如何投资

疫情之后的宏观经济和资本市场

中长期看好中国的投资机会

把握资本市场发展趋势　打造双循环格局新引擎

“固收+”基金类型与股债策略

东南亚的产业链加剧向中国回笼

投资新风向　研判新机会

疫情之后如何投资

陈志武

香港大学亚洲环球研究所所长

新冠肺炎疫情使2020年成为了一个非常时期，但随着疫苗慢慢推出，接下来几个月对投资界的朋友可能有非常深远的意义。因为过去几年，特别是2020年疫情期间，价值投资都表现得不好，对于追捧一些大的高科技股的投资者来说，2020年是非常好、非常出色的一年，但是对于传统的价值投资者来说，2020年是非常不好的一年。随着疫情的稳定，最近几周已经明显看到一些顺周期行业的价值投资，在比较快地追赶上来。可能很多朋友在想，价值投资过去一个月赶上来了，顺周期行业过去一个月赶上来了，是不是太晚了，没有机会了？我想未必，因为周期投资的安排重新做调整以后，应该是未来的一两年了，价值投资的机会还是有的。

我和大家分享三点，重点谈一谈2020年新冠肺炎疫情期间经历的一些事情，关于投资市场，关于资本市场悟出来的基本道理。

第一点，我想要强调一下，在政策干预非常强、非常多的时期，往往跟着大势走就行，就是追求指数投资追求 β，而不一定要做很多个股的选择。因为政策干预越多，α 就越困难，花很多时间做很多个股，或者是具体单项的资产评估、研究，跟政策干预少的时期相比，带来的价值可能比平时少很多。

比如说，到11月底，2020年全球对冲基金行业的总体表现是累计平均上涨2%，而美国的SP500指数上涨12%、纳斯达克指数上涨35%。可以看到，这些股市的大盘指数，特别是科技行业的大盘指数，比起对冲基金行业的平均表现要好很多，这本身也进一步说明了在政策干预非常强的时候，积极主动的投资安排实际上是得不偿失的。因为你做得很辛苦，还不如跟着大势走，所以政策市往往是 β 投资的时代，而不是追求 α 的时代，这时精选个股，单个资产带来的好处可能不太多。

这一点也给资本市场的监管者、政策治理者带来一些教训。2020年的经历告诉我们，如果要把资本市场做好，就不应该有太多的政策干预。因为越是政策干预，就越让资本市场没办法把好公司跟坏公司做区分。政策干预太多以后，好公司和坏公司同时受到惩罚，或者同时被奖励，就很容易形成劣币驱赶良币的资本市场。而在政策干预比较少的时候，机构投资者、个人投资者就更容易被激励，做不同的投资，选择不同的公司，做更多细致的研究。因为在政策干预不多的情况之下，越是精选，α 的可得性就会越好。那时，整个资本市场才会成为真正的良币驱赶劣币的市场。所以，2020年的第一个教训是，政策干预不能够太猛、不能够太多，太多会把资本市场、投资策略都搞混，最后很容易把资本市场搞成劣币驱赶良币的市场，这是我想给大家分享的第一点感受。

第二点，2020年各个国家和地区的央行，从美国美联储到欧洲央行，到日本的央行，到印度的央行，还包括中国人民银行，都对资本市场和金融市场做了非常多的干预。各个国家都比赛，看谁推出的量化宽松量更大、速度更快，再加上各个国家的政府、财政部门也通过大幅度的财政刺激，使得资本市场上涨很多，但这样操作会带来不好的结果。

不知大家是否注意到，在新冠肺炎疫情危机发生以后，富人的财富增长了很多，而穷人的财富没有任何增长。原因很简单，各个国家的央行和财政部门不断放水，不断通过财政刺激去救市、救经济以后，使得美国股市不断创新高，债券市场的价格也不断上涨。其他国家的金融资产也因为政策干预上涨很多，导致非常重要的历史规律被打破。

据我了解，很多历史学者对于过去几百年上千年中人类历史财富差距、收入差距的变迁做过很多研究。他们发现，在人类历史上，每次遭遇大瘟疫的时候，一般的资产价格，尤其是金融资产价格会下跌很多。这说明在大瘟疫发生时，有钱人首先受到冲击，而没有钱的人没有资产，也没有财富，所以资产再缩水对他们的影响也没多大。

但在2020年，各个国家的政府、中央银行、财政部，都可以主动进行经济干预市场，由此产生的结果是本次大瘟疫不仅没有让财富差距和收入差距变小，反而因为干预政策、量化宽松的政策而进一步拉大。

大家在想，这次新冠肺炎疫情结束以后，未来的世界秩序、地缘政治、各个国家的关系是会变得更平和还是更糟糕，尤其是各个国家的国内民粹主义是否会抬头，政治秩序是否会好转？如果你盼望疫情之后，各个国家的民粹主义、国内的政治格局、国内的社会动荡都能够平静，那么我认为你会感到很失望。

原因在于，本次新冠肺炎疫情压力之下，各个国家通过量化宽松，通过财政使得贫富差距进一步拉大，收入差距和社会民怨加大以后，之后的5年、10年，我认为各国的社会局势会更糟糕，不容乐观。可以说，2020年各个国家为解决短期的挑战，为了救市，做了过多的刺激，结果为未来5年、10年的政局和国与国之间的关系埋下了很多不好的伏笔。2020年金融资产上涨很多，会感觉到很高兴、很痛快。但别忘记，未来可能出现更多的风险、更多的危机。这是我2020年感受到的非常大的教训。

第三点，2020年疫情之下非常突出的表现，是让人们看到了现代经济实际上是赢者通吃经济。如果疫情之前，大家没有感受到很强烈的赢者通吃，那么我相信2020年最突出的感受之一就是各行业龙头通吃整个行业。

通过股票的表现可以看出来。截至此次财经峰会召开的前几天，美国特斯拉公司的股票几乎上涨5.5倍，亚马逊的股票上涨70%，Netflix、谷歌等头部公司股票，有些涨百分之五十几，有些涨百分之三十几，都比大盘指数涨得多。2020年和未来的一段时间可能是赢者通吃，越是跟着大牛走，投资回报可能会越好。

当然，这跟技术变革有非常大的关系，如果没有技术变革，赢者通吃的局面不可能发展到现在的程度。20世纪60年代、70年代，在湖南茶陵是没有电视也没有录像带、录音带的。茶陵谁唱歌最好听，人们都愿意花钱买票。但有电视以后，就没有人再对当地的歌星和体育明星感兴趣了，大家都看全省最好的歌星和全省最好的比赛。后来，人们收看到中央电视台，还有全国其他省市的电视台之后，谁是最好的歌星、最好的运动员，大家便只愿意看谁。

过去的20年，随着全球化不断升华，各个国家的电视台都打通了，电影行业也打通了，以至于到今天，大家更愿意看国际大片，看篮球比赛也更爱看美国的NBA，对于本地的电视节目和体育比赛则不是很关注。从这些亲身经历来看，技术变革带来了赢者通吃的局面。原来在一个县的范围之内发挥效果，后来在全省，再到后来在全国，现在变成了在全球范围之内。2020年新冠肺炎疫情期间，让大家更加看到了基于物理网点去消费和基于网上去购物消费的局面，可见赢者通吃带来的影响非常大。

举一个例子，原来你在北京亚运村开杂货店，东西可以卖得很好。但你在亚运村的杂货店开得再好，住在上海、天津、武汉等外地的人们，也很少来店里消费。这是因为基于物理网点的消费，必须要坐飞机或者坐高铁，然后再转车到达目的地。但如果你开网店，不管消费者在哪里，都可以到你的店里消费。这就是为什么收入差距、财富差距越来越大，这跟技术有很大关系。

从投资角度来讲，在现代经济、现代技术的支持下，赢者通吃让人们跟着各行业龙头走，特别是互联网行业龙头，跟着他们投资或投资于他们，长久来说会是上等选择。

疫情之后的宏观经济和资本市场

王 庆
上海重阳投资管理股份有限公司总裁

今天跟大家分享我们对疫情之后的宏观经济和资本市场看法，供大家参考。

至疫情之后，中国经济和资本市场最重要的特征，很大可能是中国经济增长出现V型反弹。可以看出，中国经济也就是GDP的增长和社会融资增速增长，两者呈现出明显的信用周期引导经济周期的规律性。从2016年下半年到2019年上半年，将近三年时间里，中国经历了信用周期下行带动经济周期下行的调整过程。而这三年的调整过程就是在防范化解金融风险、去杠杆紧信用的整体政策基调下出现的。信用周期出现这样一个下行过程，应该说拐点在2019年二季度就出现了，这也标志着从去杠杆到稳杠杆，社会融资增速也就是信用周期的拐点出现了。

经过2020年大部分时间的调整，应该说中国经济已开始走出疫情的影响。接下来，中国经济将会遵循另外一个规律，就是经济和信用景气进入一个新的中长周期。以前瞻视角看，中国经济后续的修复和反弹将会比较强劲，预计2021年全年将实现8%到9%的增长，尤其是上半年，有可能出现两位数的增长。这将会是2021年整个宏观经济中最重要、最值得关注的一个特征，也将成为影响资本市场最重要的因素。

说到资本市场，2020年应该说中国股市已经有了非常亮丽的表现。从全球范围来看，A股在全球范围内表现最好，而这跟积极有效应对疫情取得丰硕成果是分不开的。

在股票市场总体优异表现的背后，可以看到市场整体有一个非常明显的结构性特征。就拿股票市场的估值来看，整体出现了明显的结构性分化，既有结构性高估，又有结构性低估。如果看股票市场估值的话，创业板相对沪深300这两个指数，也就是成长股指数相对蓝筹股指数，相对估值水平创出了历史高位，这是非常明显的估值分化特征。2020年以来，这个分化程度已经超过了2015年上半年股票市场出现大泡沫的时候，这是一个很重要的特征。

另外一个特征是，H股相对A股的折价率或者是A股相对H股的溢价率几乎到了历史最高点。A股相对H股的溢价率不仅高于历史均值，而且接近历史最高。换句话说，同一家公司如果既在香港上市H股，又在内地上市A股的话，这家公司股票在两市的价格差距达到了很大的程度。

如果把中国上市公司的估值水平从高到低排下来，会看到有两个极端，一个是相对来看，创业板的估值明显处在结构性高估的一端；另一个是H股相对A股的估值处在另外一个极端，这是股票市场在2020年总体亮丽的背后表现出的特别明显的结构性特征。而这个结构性特征，对于理解2020年的市场以及判断未来走势是非常重要的信息。

股票市场的一个明显特征是，市场不同板块、不同风格上市公司的表现也出现明显甚至极致的分化。说到股票市场的风格特征，通常有两组概念，第一组概念是价值类型股票对应的成长类型股票，第二组概念是周期类股票对应的防御型股票。2020年一个明显特点是，低估的价值股表现明显落后成长股的表现。价值股相对成长股的股价表现，从2019年二季度至今的大多时间里要明显落后，从而使股市呈现出明显的风格分化。这是特征之一。

什么是成长股？比如说，科技股就是。什么是价值股？就是属于相对比较低估的偏传统行业的蓝筹股，所以能看到2020年市场的这种分化是比较极致的。实际上，这种分化从2019年二季度，当宏观经济环境从去杠杆到稳杠杆、信用周期出现拐点之后，就已开始发生了，也就是成长股开始明显跑赢价值股。而且这种分化在2020年的疫情冲击下变得更加极致，这是一个特征。

另外一个市场特征就是周期类股票明显跑输防御类股票。什么是周期类的股票呢？也就是跟宏观景气相关性比较高的顺周期的公司标的，比如建筑、建材、金融、房地产等行业的公司。这类公司股价表现明显落后于防御类板块。防御类板块是指跟经济景气关系不是那么直接的行业，比如说必选消费、医药等。这类标的无论经济好还是不好、人们收入高还是低，都会有相对稳定的需求。我们看到，这类标的在2020年明显跑赢跟经济景气基本面相关的这些周期类标的。后者跟经济景气相关性很明显，比如当采购经理人指数标识的经济景气好的时候，通常周期类板块要明显跑赢防御类板块。反之，当经济出现低迷，PMI较弱甚至为负的情况下，防御类股票是跑赢周期类的。

从2020年以来，尤其是在疫情的冲击下，和经济基本面相关的行业板块明显落后。疫情冲击造成经济一度停摆，凡是跟人们经济活动比较密切相关的这些行业标的都受到较大影响，经济数据走弱导致这类股票表现明显落后于防御类股票。除了前面提到的股票市场估值分化外，市场风格也出现了比较极致的分化，尤其表现为成长股和偏防御类的股票表现好于价值股和偏周期类的股票。

怎样更好地理解股票市场未来的可能表现？下面提供一个思路，供大家参考。

事实上，影响股票市场的最根本因素是两个基本的周期性变量——一个是经济周期，另一个是流动性周期。经济性周期有阶段性特点，有时处在收缩区间，有时处在扩张区间；流动性周期则反映资金的状况，也有类似情况，有时在周期性扩张，有时在周期性收缩。经济景气周期和流动性周期之间往往是不同步的，这就构成了影响股票市场的宏观环境，而影响股票市场的宏观环境最终对股票市场不同阶段风格特征的影响是非常明显的。

自从2020年8月以来，股票市场开始出现比较明显的震荡调整和风格轮动。背后的深层原因是经济逐渐从收缩区间进入扩张区间。这有利于成长加周期类的股票，首先流动性继续相对宽裕，有利于成长性股票的表现，同时由于经济进入扩张区间，跟经济基本面相关的顺周期板块表现会相对突出。在这样一个环境下，成长加周期类的标的表现好，这个跟2020年上半年，尤其前8个月的表现是不一样的。应该说当前正处在这样一个环境中。

以前瞻性的眼光来看，到2021年二季度或年中，中国经济很有可能继续表现强劲，全球经济也会在疫情之后同步复苏。到那时，经济继续处在扩张中，不排除在2021年某个时点出现流动性的边际收缩，因为经济表现比较强劲，流动性状况已不可能进一步宽松。如果经济表现超预期强劲，不排除流动性会早于预期收紧。如果这样，就有可能在2021年中或某个时间点进入到如图1所示左上角的第二象限，也就意味着股票市场会面临跟2020年上半年完全不一样的宏观环境。

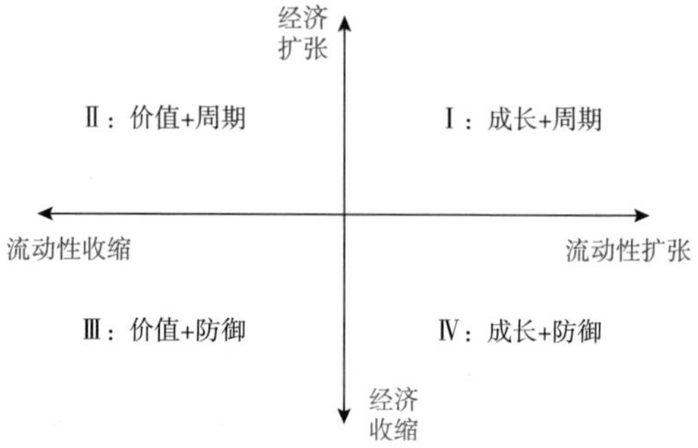

图 1　宏观基本面影响的股市风格轮动

所以，基于前瞻性的、自上而下的经济和流动性形势判断，我们应做一个提前布局，至少要均衡地构建投资组合，防止把2020年的结构性机会转化成2021年的结构性风险，这是特别需要提示的。

总的来讲，我们认为2021年的经济形势明显好于2020年，2020年资本市场形势总体上看没有大的系统性风险，毕竟中国经济和全球经济都将同步复苏。同时，整个政策面和流动性环境应该不会出现剧烈收缩，这对风险资产和股票市场仍然是一个相对有利的环境。需要强调的是，2021年股票市场可能继续呈现较明显的结构性特征，而这个结构性特征可能不同于2020年上半年。所以，同样是结构性行情，但2021年和2020年的结构性行情特征并不一样，我们需要不断地动态优化投资组合，提前布局，把握新阶段下新的结构性行情。

中长期看好中国的投资机会

管清友

如是金融研究院院长兼首席经济学家

2020年是非常不平凡的一年，我想每个人的生活都跌宕起伏。从经济层面来看，中国取得了非常不容易的经济增长，这个经济增长水平在疫情之下来之不易，中国整体的增长领先于全球至少一个季度。预计2021年中国经济会呈现一个前高后低的走势，总体上全年的增长率可能在7%以上。这主要是因为2020年上半年基数比较低，所以相对来讲，2021年增长率会高一些。当然，2021年之所以会有7%以上的增速，主要还是由于疫情冲击下，2020年的整体增速比较低。

所以从资本市场大的背景来看，2021年的主逻辑是经济的反弹与经济的持续复苏，但是从增长的节奏上来看，应该是前高后低，与2020年的增长结构正好相反。

在政策层面的选择会略有差别。为了应对疫情，2020年中国采取了相对宽松的货币政策，这种宽松的态势一直持续到2020年5月。从2020年5月底以后，货币政策的边际上略微收紧，这在债券市场已经有所表现，我们看到10年期国债收益率一度突破了3.3%，这是一个重要的关口，也意味着流动性边际上其实是在收紧的，并没有我们想象的那么宽松。

从资产市场角度来讲，总体而言，2020年其实是一个“股债双牛”的走势。从2019年下半年到2020年七八月，整个股票市场的走势实际上是非常好的。股票市场基本的逻辑叫估值推动。经过9月、10月的调整，估值推动型的走势逐渐转向业绩拉动型。特别是2021年，大家都预计整个上半年经济复苏的态势还会维持，从2020年年底开始，股票市场的风格也有非常明显的变化。这种变化主要表现在高估值的科技、消费开始出现水位下降，一些大的“白马股”遭到抛售。此外，周期类股票开始走牛。这主要是因为大家预计这种复苏还会持续，还比较强劲，甚至很多人认为复苏其实超出预期，特别是东南亚、印度的一些订单回流，包括全世界主要经济体都陷入疫情，大家对于中国制造，特别是中国防疫用品的需求突然增加。

因此我想，股票市场至少在2021年的上半年还会维持业绩拉动的特点。也就是说，从估值推动到业绩拉动，事实上是要消化涨幅过高的板块，对于投资者而言，我们需要寻找一些有坚实的业绩支撑的，同时估值被低估的板块。目前，2021年下半年还比较难以预计，因为我们现在无法完全预期到政策层面的变化。简而言之，对于股票市场而言，整个2021年的投资逻辑——择时和择股，确实发生变化。

中国的债券市场有一个特点，就是它的发行主体是非市场化的（大量的国有企业），但它的投资主体是市场化的（大量的金融机构）。我们不能简单地用教科书上的东西来指导投资实践。比如处置“僵尸企业”，你会发现，大量国有企业其实无法退出市场，那么涉及关键债券市场，到兑付期时，经常会出现国有企业以各种理由无法兑付或者兑付困难。债券市场投资者也需要认识到市场化程度不一导致的债券市场的风险，“城投信仰”可能已经是过去式了。我们过去认为，凡是地方平台或者有政府信用背书的债券相对比较安全，形成了所谓的“城投信仰”，而现在再看“城投信仰”，其实已经没有了，这是债券市场的现状。

那么，债券市场会有转机吗？从目前来看，2021年经济持续复苏，整个流动性环境也没有那么宽松，所以对2021年上半年的债券市场还是要保持相对谨慎的态度。从我个人推演，始于2017年的这一轮金融整顿，这一轮债券市场的违约可能在2021年上半年基本结束。从P2P到信托，到银行理财，到所谓一级市场资本公司的违约，再到一些房地产企业违约和国有企业AAA级评级的违约。我们看到，从小机构到大机构，从P2P到信托，到银行理财，到非标产品的投资，再到一些项目投资，从金融产品到房地产企业，从民营企业到国有企业，这一轮金融整顿几乎算是定向爆破了风险，避免了一场系统性金融危机。

同时我觉得，这一轮信用债的违约到2021年上半年基本上可以结束。也就是说，2017年以来，我们主动地去释放风险，去实现市场出清，而2021年，我们可能接近出清的尾声。

第一，从中长期来讲，我们如何看待未来中国的投资市场或者投资机会呢？

先讲两个故事。第一个是一个投资人跟我说：“在过去这些年我凭运气赚到的钱，这几年凭本事全部亏完了，多亏早在北京买了几十套房子。”我说他这是典型的“凡尔赛体”。第二个是最近债券市场违约比较多，有一个搞债券的投资人跟我说：“我这几年几乎就没有没踩过坑，2014年、2016年、2018年、2020年债券市场这几个坑，我全部都踩到了，我真是有点心灰意冷，要不是给我发了几千万奖金，我真的不想干了。”我说他这也是“凡尔赛体”。

从中长期来看，用“风景这边独好”形容中国的投资机会，我觉得挺贴切。可以从以下几个维度来看。

从动力角度，我为大家总结了一个推力、一个拉力。推力、拉力决定了中国仍然是全球最好的资产投资市场。

推力是什么？就是全球的零利率和负利率。目前，欧洲几个经济体已经进入负利率，美国接近零利率，日本也基本上是零利率，中国还能维持一个所谓的正利率。中国的10年期国债收益率在2020年年底一度突破3.3%，这意味着什么呢？国外的投资机构去买债券，还需要交手续费，而到中国来投资10年期国债，每年有超过3%的收益，那么我们可以认为，境外资金积极投资中国市场是毫无疑问的。从权益市场、股票市场来看，外资持股的前100家公司，其涨幅明显大于外资持股较少或不持股的公司。这个逻辑很容易讲得通，伴随着中国对外开放，特别是金融开放，会有更多的境外资金来到中国市场。

中国国内也在进行大力度的改革，特别是在探讨中长期保险资金、养老资金逐渐进入中国的权益市场，当然可能没有那么快，毕竟是“保命钱”，要慎之又慎，所以推力的作用是非常明显的，也就是说，负利率给了我们一个推力。

那么，拉力是什么？拉力是整个资本市场正在进行的改革，其中以股票市场发行制度改革为核心力量，推动我们从“资产荒”的状态，过渡到资产相对较多或者品类较多的状态。

我曾经举过这样一个例子，对于股票市场而言，注册制的改革相当于让股票市场逐渐从原来的供销社模式过渡到超市模式。超市，我们知道物美价廉，商品琳琅满目，品种非常多，可挑选的余地非常大。

为什么注册制非常重要？因为它恰恰能起到这样的作用。我觉得我们过去的股票市场其实就相当于供销社，它挑选的余地不大，同时供给也相对比较单一。所以我们看到，由于股票市场发行制度和监管制度的问题，在A股和H股的两个市场会形成所谓的A股溢价，因为我们的发行制度和监管制度决定了股票天然偏贵，注册制特别是完全意义的注册制会逐渐消化这种状态。

我觉得完全意义的注册制可能起到两个作用。第一个作用是大量公司会以更快的速度实现IPO上市，因为规则更清楚，只要符合交易所审核条件便可以马上上市。这意味着什么呢？资产荒的问题将得以解决，人们可以通过二级市场（流动性又好，门槛又低）选到比较称心如意的资产，这有点像我们去超市买东西，想买什么就买什么，可选择的余地非常大。第二个作用是它真正地提升了整个监管水平。因为它需要做到信息完全公开透明，及时披露，相对于原来的审批制和核准制，这样的发行制度之下，它更规范、更阳光，整个资本市场的环境也会大大得到改善，这对于投资者而言其实是非常重要的。

当然，即便是过渡到完全意义的注册制，投资者也一定要把防范风险当作头等大事。因为完全意义的注册制一定要配合交易制度的改革，配合做空机制的进一步推出。对于普通投资者而言，其实风险变大了，比如交易制度上要从“T+1”变成“T+0”，不然怎么算是完全意义的注册制呢？比如涨跌停板制度可能要进一步放大区间，或者完全取消。这对于普通投资者而言，意味着其承受市场波动风险的能力需要增强。

同时，完全意义的注册制需要监审分离。什么是监审分离？其实是说交易所和证监会要脱钩，交易所只是被监管单位，它只负责股票的发行、审核、IPO；而证监会只负责监管，与现在交易所的主要人事任命来自证监会是不一样的。

因此，我们需要认识到在拉力的作用之下，它出现了一些所谓变化的特点，以及在变化的特点中，我们要找到机会，也要规避风险。

从中长期来看，一个推力和一个拉力可能会造就未来相当长时间里股票市场的繁荣。而这个繁荣程度和我们过去经历的“牛短熊长”或“牛长熊短”这种通过指数的波动来表现“牛熊市”的状态是不一样的。整个股票市场中，上市公司数量会大大增加，它的分化也会非常严重。如果专业机构投资的优势真正体现出来，一部分股票可能是无人问津的。就像我们在港股里看到很多仙股，一部分股票受到机构投资者的追捧，它的股价不断地上涨，甚至在一些特定板块里，我们看到少部分股票的交易量、市值占据整个板块最主要的比例，这是我们在未来可能会看到的一种景象。

第二，中国有没有可能出现债务通缩型的衰退？这目前也是学术界和市场都在探讨的一个问题。我认为有两个原因让中国不会出现这种情况。

第一个原因是债务通缩型的衰退的背景。由于到期无法偿债所引发的连锁反应，相对来讲，它的市场机制比较强。当然，债务通缩性的衰退最大的背景还在于货币的过度宽松，过高的杠杆导致过高的债务，最后债务崩塌，出现所谓“庞氏金融”的情况。

但是中国有一个特点，行政力量占主导地位，我们可以通过行政力量人为地切割和分割这些风险。这是日本和我国非常不同的地方。2020年年底，政府处理债券违约的情况时，大家看到了不同地方有不同的处理方式，但我们也能看到行政力量在避免债务通缩型的衰退问题上是有作用的，它能够实现风险隔离和主动隔断。

第二个原因是国家改革的空间非常大，我国城镇化率目前只有60%，但还会朝着70%、75%，甚至更高的水平迈进，这是强大的需求。

同时中国有很多领域的潜力没有释放出来，比如生产要素，很多领域其实都还处于被管制甚至被过度管制的状况，放松管制、释放潜力能让我们有更好的增长前景，也就是说，改革能够在相当大程度上弥补可能出现的债务通缩型的衰退。所以说行政力量和改革这两个因素能够帮助中国避免出现债务通缩型的衰退。

第三，我们要避免有增长无共享的发展模式。美国股票市场在过去十几年里经历了一个繁荣的牛市，这是我们确实看到也非常羡慕的，但是美国在这期间出现了两个问题。一是股票市场的指数上涨主要集中在前5家公司，这5家公司的上涨造就了更多的富人，与资本和流动性关系更密切、距离更近的群体受益了。但对于中低层群体来讲，他们没有分享到这些企业或者股市上涨的红利。二是在过去十几年里，美国出现严重的产业空心化，甚至出现了很多“铁锈地带”，这种状态导致其贫富差距进一步拉大，也可以这样说，贫富差距、财富差距拉大是个全球性问题，也需要全球去解决，而中国也需要竭力避免这种状态。事实上，中国避免这种状态或者大大减轻这种状态带来的影响也是有条件的。

我认为可以通过几个方面来解决这种有增长无共享的状态。

一是强化税收的分配作用。更多地倾向于中低层群体的民生救助、需求的满足，特别是对于脆弱群体，政府应责无旁贷。

二是建立新一轮的税收及反垄断机制。在过去这些年里，中国的新经济业态蓬勃向上，当然现在也面临监管上的难题，反垄断一方面是加强市场管理的应有之举，另一方面也是解决收入分配问题非常重要的手段。

三是继续开放，继续做大蛋糕，让经济蛋糕继续膨胀。我们非常欣喜地看到，在2020年年底，中国和其他14个国家一起签订了《区域全面经济伙伴关系协定》(RCEP)。这对继续做大蛋糕，同时以开放推动国内改革意义重大。

所以从中长期来看，中国仍然是全球主要经济体当中最好的投资市场。同时，我也提醒各位，无论从短期还是长期来看，我们都要义无反顾地抓住中国这一轮资产市场繁荣的重要机会，当机会来临的时候，不要轻易下车。

把握资本市场发展趋势 打造双循环格局新引擎

吴姚东

中邮理财有限责任公司董事长

2020年对于全球和中国经济而言极不寻常，对资本市场也是不平凡的一年。在这一年里，中国经济不仅经受住了疫情的考验，同时科创板创设、创业板注册制推进、新三板改革和再融资松绑等政策措施昭示着中国的资本市场改革进程翻开了崭新篇章。

日前，易纲行长再次撰文指出，过去十多年，中国宏观杠杆率上升，金融资产风险向银行集中。只有发展好直接融资尤其是股权融资，才能在稳住杠杆率的同时，保持金融对实体经济的支持力度不减。

2020年年初疫情下，受市场预期和流动性影响，A股短时深跌，美股几次熔断，金融市场波动率很高。各国开启宏观政策应对后，全球资产价格反转，发达国家接连的宽松政策推动资产价格不断走高，美联储负债表在短短半年之内，从4万亿美元扩张到7.2万亿美元。

截至2020年11月中旬，中国由于抗疫成功和经济基本面的恢复，深证成指上涨超过30%，上证综指上涨超过10%，股票市场表现亮丽。随着十九届五中全会的召开和“十四五”规划建议等框架性文件陆续出台，双循环新发展格局将会成为“十四五”贯穿其中的主线和指导思想。

从政策着力点来看，双循环政策需要重点关注三个方面：一是如何发挥国内市场规模优势，提升国内消费水平，扩大消费规模。二是如何持续推进产业升级，聚焦科技创新尤其是基础科学突破，实现中国制造业“全产业链”竞争力提升。三是如何打通内外循环的需求对接、标准衔接、平台支撑，构建适配内外循环，涵盖数据、技术、创新、制度、人才、资本平台的创新生态体系，支撑经济高质量发展。

这一政策理念指明了中国经济未来的发展方向，极大地提振投资者对中国经济的信心，在这样的政策指引和时代背景下，伴随着资本市场大刀阔斧的改革进程，中国资产管理行业将拥抱前所未有的机遇和挑战。

下面与大家分享几点看法。

第一，发展资本市场是当下经济金融格局变迁的必然需要。

“金融活，经济活；经济兴，金融兴。”金融是实体经济的血液，在新形势下推进双循环战略，金融无疑应该发挥重要作用。在新发展格局下，要找准金融的准确定位，即金融结构性变革必须致力于解决双循环的难点和痛点，必须致力于解决实体经济的创新发展。

当下，我国经济结构和产业结构调整，鼓励以战略新兴产业、数字经济为推动力的新产业模式和新商业模式发展是必然趋势。这些趋势下的经济主体在金融形态上与资本市场和直接融资密切相关。我国经济结构在变，产业结构在变，新的行业在孵化、传统行业在变革，金融结构也必定要随之而变，让经济和产业结构中代表未来趋势和前进动力的鲜活主体全方位得到资本市场的认可和金融资源的支持。

第二，在发展资本市场的进程中，专业机构投资者责无旁贷。

一是从欧美直接融资体系的经验来看，专业机构投资者在资本市场健康发展中起着不可替代的作用。20世纪70年代，美国养老金在税收优惠政策后大举入市，形成对资本市场源源不断的流动性供给。几十年来，专业机构投资者作为最重要的纽带，实现了金融的跨期配置，形成了三赢格局——机构投资者主导的具有良好机制的资本市场+直接融资主导的金融体系+消费主导的经济增长模式。近二十年来，美国GDP增速有所下降，但资本市场表现不俗，专业机构投资者在金融市场的价值发掘，既为投资者带来了扎实的回报，也为资本市场的弹性、深度作出了重要贡献。

二是从我国股票市场的持有者结构格局来看，专业机构投资者占比一直处于上升态势，但未来仍有很大增长空间。从持有者结构比例来看，我国股市的二八结构仍十分明显。截至2020年上半年，包括公募基金、私募基金、证券、保险、社保基金、信托在内的境内机构投资合计持有A股流通市值约8万亿元，占流通市值比重为15%。在专业机构投资者以外，流通市值口径下的A股投资者结构仍然以法人持股和个人投资者为主，一般法人持股市值占比约50%，个人投资者占比约30%，两者合计约80%，专业机构投资者仍有很大的增长空间。

三是2020年以来，多因素助力资本市场再度启航背景下，机构化趋势日益明朗。

首先，在政策层面，监管变革提供高效制度保障，以政策持续鼓励保险、养老金、社保等中长期资金入市。

日前，中国银行保险监督管理委员会郭树清主席强调，要不断完善资本市场基础制度，引导理财、信托、保险等为资本市场增加长期稳定资金。加快推进养老保险第二和第三支柱建设，推动养老基金在资本市场上的比重达到世界平均水平。政策信号不可谓不强烈。

其次，从国际化角度，金融开放进一步加快。外汇管理局进一步简化了资金汇入汇出机制，结合当下境内外经济基本面和宏观政策的巨大差异、中国金融市场的重要地位、中国利率环境和资本市场估值水平等，将进一步推动外资机构正视“中国机遇”和“中国收益”。

最后，公募基金与私募基金提速扩容，境内两大主力机构投资者愈加成熟。截至2020年三季度末，公募基金股票类资产总额从2020年上半年末的3.4万亿元提升至4.9万亿元；股票资产占基金资产总值的26.79%，自2013年以来首次超过20%，私募基金二季度规模也突破了15万亿元。“赚钱效应”很大程度上吸引了投资者入场，而专业机构投资者也有效地将资金配置在具有良好增长回报预期的行业领域。

总体而言，各层面因素汇聚，机构化主导的资本市场结构有望在未来逐渐形成，这有助于优化市场有效定价和资源配置，增强市场的弹性、稳健性，机构化和机构主导的价值投资将是中国资本市场走向成熟的鲜明特征。

第三，专业机构投资者助力资本市场发展，应互补发展、合作共赢，完善机构投资的体系，形成有机生态系统。

首先，扩大专业机构投资者规模是要务，需要多方发力，增强对资本市场增量资金的支持。

20世纪40年代，美国股市90%以上为散户持有。1978年明确了不同类型养老金计划的税收优惠之后，养老金等专业机构投资者入市，美股的机构投资者主导进程才真正拉开大幕。养老金入市不仅增强了资本市场机构投资者的规模，同样也为持有人提供了丰厚的回报，使得机构客户占据资管行业的半壁江山。我国人口老龄化形势严峻，推动养老金入市，为更多的专业机构投资者提供资金来源，将极大影响资本市场的未来格局。

其次，机构投资者应错位互补发展，不同类型的机构需要发挥不同的功能和作用，才能满足多层次资本市场发展的要求，以及多元化客户体系不同风险偏好维度和风险承担能力的需要。

从客户角度来看，机构投资的差异化发展是必然趋势。目前，居民家庭资产配置已经由传统的不动产配置为主导，向增加金融资产配置方向转变，这对于专业机构投资者，特别是资管机构是有利的基本面。同时，源自不同的资产配置和风险偏好，机构投资的差异化发展也由此而生。养老金、保险资金等具备长期资金属性的机构投资者，更能够做到跨越周期的资产配置；基金等风格特征明显的高流动性工具，更能成为成熟投资者获取权益回报的渠道；而银行理财本身的稳健属性、客户信赖等优势更可以实现多元配置，开发以固收资产和多资产多策略的稳健低波动产品，满足客户最广泛、最基础的投资回报诉求。

此外，银行理财未来将成为专业机构投资者以及资本市场的重要力量。

2019年年末，银行非保本理财共持有债券资产占比约60%，权益类资产不足8%。目前，银行理财契合客户对收益的追求，正在逐步拓宽自身投资边界，布局权益资产。但相较于银行理财长期深耕的债券市场而言，银行权益资产投研体系正处于成长期，股票投资市场研究较为薄弱，尚未形成像国外市场那样成熟的整体配置框架和经过市场检验的稳定投资逻辑。未来银行理财如要在权益市场有所作为，则需要下大力气培养投研体系。从中短期来看，加强与基金等成熟机构的合作共赢是必然趋势。

最后，机构银行理财发展潜力巨大。

伴随着资管新规、理财新规的落地，银行理财面临客户结构的再平衡。根据国际理财业务发展经验来看，机构客户占比约为60%，而国内只有40%。投资者机构化是国内银行理财发展的重要趋势。

一方面，机构客户具有资金稳定、追求中长期业绩的特点，利于银行理财资金积极参与资本市场投资；另一方面，随着养老领域的快速发展，机构理财通过客户服务、资产配置和风险管理等综合投资体系，推动机构客户理财规模进一步增长。

未来，理财子公司将与公募基金等资管机构错位竞争、合作发展，构建市场化的客户营销和服务体系，为不同机构客户群体提供端对端的差异化产品解决方案，进一步丰富机构客户的投资选择，助力理财与资本市场发展的良性循环。

第四，要把握双循环格局下资本市场发展趋势，助力实体经济高质量发展。

2020年即将收官，从境内外情况对比来看，我们对中国经济和中国资本市场的未来抱有十足信心。展望2021年及未来五年，应该看到，我国人均GDP突破1万美元大关后持续提升，巨大的内需市场和双循环背景将为经济增长和转型提供源源不断的强大动力。

在这个背景下，银行理财作为体量最大的资产管理子行业，将充分立足内循环，拓展直接融资，更好地支持实体经济；拥抱国家金融开放政策，牵手外资金融机构，激活金融市场，助力双循环。同时稳妥有序完成过渡转型，在公平竞争、融合发展的行业新阶段，协同金融科技与同业力量，营造资管新生态，巩固金融供给侧改革成果，构建相互依存、相互促进的大资管生态圈，撬动资管行业发展新动能，助力打造双循环发展新引擎！

“固收+”基金类型与股债策略

杨爱斌
鹏扬基金创始人兼总经理

关于“固收+”类型的产品以及主要的投资市场，下面分享一下我的观点和看法。

第一，要做好“固收+”投资，最重要的是做好自上而下的宏观配置。基金管理人要知道未来的经济怎么样，未来的通胀怎么样，未来货币政策和流动性怎么样。这在投资中可谓是大是大非的问题。

从鹏扬基金的最新研究来看，我们认为2020年四季度经济还是处于弱复苏的格局。回首这一年，第一季度经济受疫情影响表现不佳，实际GDP增速为-6.8%；第二季度在大量的逆周期政策的刺激下，经济快速触底回升，当季GDP增速回到3.2%；第三季度经济增速进一步回升到4.9%；第四季度经济可能会回升到6%以上。因为2020年的一季度数据较低，2021年第一季度同比数据甚至可能会达到10%~12%甚至更高，这在历史上也算非常高的水平。因此，展望2021年的中国经济，我们认为大方向还会是继续弱复苏的格局。

虽然2020年经济总体向好，但是我们也要看到影响经济增长的重要因素。首先，逆周期基建投资在2021年面临着逐步放缓、逐步退出的可能。其次，最新数据显示，房地产投资的增速高达12%以上，但在“房住不炒”的大方针下，在“三道红线”政策影响下，房地产投资增速可能面临回落。再次，疫情因素导致我国出口显著超出市场预期，随着疫情得到控制，2021年或将恢复正常。所以2021年第二季度之后，整个经济可能又重新回归到长期的、潜在的增长水平附近。

第二，对通货膨胀的看法。我们认为，2021年国内通货膨胀总的来说还是比较温和的，出现恶性通货膨胀是一个小概率的事件。

第三，对未来的宏观政策和流动性的看法。全球货币财政政策趋稳但未收紧，政策紧缩门槛提高。中国政策注重跨周期调节，稳货币、稳信用，预计社会融资增速平稳回落、结构优化；基建刺激意愿减弱，房地产融资监管趋严，中长期改革政策延续。美联储资产负债表保持平稳，M2增速维持高位，推出“平均通胀目标制”政策框架，点阵图显示市场预期美联储2023年年底前不会加息；美国新一轮财政救助案谈判仍陷僵局；全球主要央行资产负债表维持扩张，超额流动性缓慢收缩。

当然，因为2021年西方发达国家的流动性可能还是宽松的，而国内的流动性是收紧的，这种情况下一定会带来人民币的持续升值。落实到宏观的背景下，对我们最重要的两个资产类别——债券市场和股票市场，我再谈一些看法。

首先，我认为，目前中国的债券利率已经反映了我国中央银行货币政策的正常化，可能也反映了经济的弱复苏格局，以及2020年的政府债券市场，特别是国债的供给量扩大。因此，债券市场目前存在非常好的配置价值。

依经验而言，在经济最差的时候，一般来说是债券卖出的时候，而当经济回升到不能够更好的时候，往往是债券市场的买入时机。目前来看，对于经济的同比数据而言，2021年一季度大概率会在最高的位置，这可能是债券市场非常重要的基本面转向时机。所以，对我们的“固收+”类型产品来说，未来的债券市场存在一个很好的配置机会。也就是说，债券熊市已经接近尾声，牛市可能正在逐步来临，这对“固收+”类型的产品是一个好消息。

其次，对股票市场怎么看。对于“固收+”类型的产品，如果想取得很好的回报，比如说10%或以上的年化收益，只靠债券资产很难做到，一定要结合股票。

从2020年第四季度到2021年第一季度，经济总体向好，一些估值仍然处于合理的位置的公司，像顺周期的行业，比如汽车、家电、银行，还有一些消费电子等，景气度仍然向上。

所以股票市场目前还没有到下车的时候。当然，考虑到2019年、2020年，我们的股票市场经历了连续两年的牛市，很多股票型基金都取得了超过50%的年化回报，放在历史上来看，这样的回报水平其实非常高。我个人认为2021年宏观流动性是在逐步收紧，考虑到一些消费、医药、科技的估值的水平仍然非常高，我们对2021年的权益类资产预期回报总体不悲观，但是也要理性看待。

当然，在2021年，从我们重点关注的行业及板块来看，可能会包括一些制造业公司，还有消费领域等板块。再说到具体的细分行业方面，可重点关注能源、国防和信息技术板块，包括新能源汽车、光伏、军工行业、云计算和信息化板块。

对2021年的股票市场，我们有一个更重要的工作，就是把这些符合“十四五”长远规划的，有长期增长前景的股票选出来，作为投资重点。

最后，我们对“固收+”类型的产品做一个小小的总结。总体来说，目前的时间节点上，债券市场应该是进入熊市的末期，投资“固收+”类型产品的机会是显著大于风险，10年期国债利率进一步往上的空间是比较有限的。现在要做的是静待基本面的拐点信号出现，准备战略性地买入债券类的资产。对股票市场，目前上证指数在3300~3400点区间，从短期来看，顺周期的板块是投资的主要方向。从长期来看，我们可能更关注有长期增长前景而估值不是很贵的股票。

在目前这样的格局下，从风险和收益这两个维度综合来看，放眼2021年这样一个债券市场逐步向好，而股票市场总体要降低预期回报的环境，"固收+"类型的产品可能有非常好的性价比。这也是为什么进入第四季度以来，我们观察到越来越多的"固收+"类型的产品成了爆款基金。我想，这也反映了市场机构和投资者们对未来市场环境的一种思考。

东南亚的产业链加剧向中国回笼

李奇霖

红塔证券首席经济学家

2020年3月份左右，中国就率先控制住了新冠肺炎疫情，开始复产复工。但是当时市场对基本面还是比较悲观的，认为经济的增长要通过基建来拉动。对于出口，市场当时也不看好，毕竟当时海外新冠肺炎疫情暴发，欧洲等多个国家都颁布了封锁令，海外生产也陷入停滞。但是事实恰好相反，前期被市场寄予厚望的基建一直低于预期，尤其是第三季度，基建同比是下滑的。相反，出口在2020年的时候频频超预期，自第二季度出口修复以来，出口同比增速一度超过了20%。

大类资产的配置也有不同于市场预期之处。2020年第二季度时，创业板的表现比主板更加强势，其中科技和医药板块很受市场关注。这一现象的逻辑在于，第二季度为应对疫情对实体经济的冲击，国内采取了较为宽松的货币政策和偏积极的财政政策；但此时由于实体经济的生产、消费等环节的修复进程尚未明显启动，导致央行向市场投放的流动性并没有完全进入实体经济，而是有一部分淤积在金融体系内部，流入资本市场。此外，一直以来市场都很看好中国经济的转型发展，赋予科技转型、环保转型等发展方向以额外的溢价，这也加剧了科技股的高估值现象。

第三季度之后情况有所转变，科技股的高估值逻辑不再。一方面，随着疫情逐渐受到控制，实体经济明显好转，因此市场对经济基本面的关注度越来越高，在科技股估值时基本面所占的权重也越来越大。另一方面，在经济加速修复的同时，货币政策开始回归中性，宽松的货币政策逐渐退出。同时，制造业企业的生产也在稳步修复，此前淤积在金融市场中的流动性开始向实体经济回流。

在这样的背景下，三季度之后的市场出现了非常明显的风格转换，投资者开始追逐顺周期股票，周期股的估值由此出现暴涨，这是过去几年都没有出现过的情况。相应的科技股自然会弱于周期股等。

沿着这条主线可以看到，目前市场中最大的不确定性就是顺周期板块的上涨还能够持续多久，包括汽车、部分化工子行业，以及钢铁、煤炭等传统行业的估值，目前已经经历了明显的提升。投资者最关心的问题在于，这些顺周期股的涨势未来是否还能保持下去。我们认为，至少在2021年一季度之前，这样的涨势能够延续下去。核心逻辑在于，本轮经济指标的超预期修复，主要来源于强势出口的带动，而出口的高增长趋势至今仍未结束。

本轮出口的高增长，主要原因在于中国率先控制住了疫情，生产能力得到迅速恢复，相比之下，海外其他国家的疫情仍在大规模扩散，生产陷入停滞。同时，海外央行开始实行极其宽松的货币政策，通过大量印钞来刺激需求。因此，海外巨大的需求，叠加中国充足的供给，造成出口强势的局面。这一逻辑至少在2021年一季度之前很难改变，因为后期即使疫苗生产出来，大规模普及疫苗、进而消灭疫情也需要很长的时间。

新冠肺炎疫情对于中国的出口产生了一定的长周期的改善作用。一方面，有些客户的订单是有黏性的，有的生产国遭受疫情冲击而无法满足生产要求，订单会被迫转移至中国。疫情冲击的时间越长，客户和生产端之间的黏性就会越强，后续客户转换供应商的成本就越高，对中国出口的依赖度会提高。因此，中国的出口态势可能还有一定的延续性。

另一方面，过去聚集在东南亚国家的一些产业链，近期又开始加剧向中国回笼。外商直接投资（FDI）的变动是一个积极信号，近期中国的FDI增速与包括越南在内的东南亚国家的FDI增速一反常态地出现了背离，前者呈上行走势，而很多东南亚国家的FDI增速则在下行。过去常有对中国产业链外迁的担忧，但现在的情形是，产业链不仅没有外迁，反而在内迁。这也就解释了为什么2020年中西部省份，尤其是云南、贵州、四川、广西、江西、安徽等偏南方的中西部省份，其出口增速的表现会强于浙江、江苏、广东等沿海省份。产业链方面一方面有东盟回流的因素，另一方面还有从东部国家向我国的迁入，中西部在替代过去承接东部的产业链。因此，疫情扩散期间，中西部省份的产能开始急剧爆发，出口景气度更甚于沿海地区。

在此背景下，与出口相关的中长期因素，如产业链的稳定性，也会对出口形成较为稳定的支撑。据跨国企业称，过去在全球化的大背景下，跨国企业更多关注利润最大化的目标，追求通过极致的分工来实现尽可能多的利润；现在则更多关注产业链的稳定性。中国正因为拥有较为稳定的产业链的优势，有较强的终端产出弹性来应对突发的风险事件，所以即使中国的劳动力成本相对于其他生产国偏高，跨国企业也愿意牺牲一部分利润来换取更高的稳定性。

后续企业的生产率有望得到提升，这也会对中国长期的出口增速形成一定支撑。生产率提升的逻辑在于，目前很多企业现有的产能严重不足，难以应对急剧增长的订单需求，但出于过去产能过剩的惨痛教训，企业会更倾向于通过“技改”来提高生产率，而非轻易扩大新的产能。在全球疫情扩散、订单增长的推动下，中国制造业企业的技术升级有望加速。

我们认为，中国的出口在本轮高增长之后，不会再一举下降至过去几年的水平。即使后续到达高点之后会有所下滑，下降幅度也是有限的。因此，顺周期行情到目前只走了一半，仍未完待续。

投资新风向　研判新机会

杨　玲[1]、孙建波[2]、尹睿哲[3]

1. 星石投资总经理
2. 中阅资本总经理
3. 招商证券首席固收分析师

杨玲：疫情发展确实超出大家想象，疫情之前，不管是国内还是国外，大家都在自己原有轨道上运行，做投资研究框架也是基于传统框架进行。其实疫情带来了许多想象不到的东西，如果按原有投资框架就会出现一些问题，比如说跟普通投资者息息相关的是，过去大家喜欢炒“壳资源”、炒概念股等，在新变局下，可能会发生一些变化。疫情可能更多地带来投资框架的改变，以期应对新的改变。

孙建波：我们看历史上的所有危机，会发现一个共同特点：危机过后，人类社会沿着上升的轨道更好地发展下去。所以我们要做的是什么？克服危机，继续发展。

疫情暴发之后，出现很多冲击，不同国家以不同方式对待，可以看到全球正在逐步地战胜疫情，中国是一个典型的例子。由于更早地实行控制，所以疫情得到了控制，经济率先复苏了，我们的很多产业发展在全球供应链当中有了更重要的地位，这是疫情对中国的影响。其他国家也受到了很多影响。

随着疫苗以及更多治疗手段的出现，全球疫情的控制必将取得胜利，胜利过后会有新的发展道路，这个发展道路主要是因为疫情改变了国家之间的关系，改变了行业之间的关系，推动了线上直播的发展，推动了远程办公的发展，推动了所有非接触、无接触、非见面经济的发展。

所以我觉得疫情本身是一次危机，是一次冲击，同时对国家、对产业都产生了影响。这种影响有的是坏影响，但更多的是推动了结构性的改变。而这种结构性改变之后，对人类社会发展有益。

而在短期，肯定会有升值和贬值，这种升值和贬值要对应国际贸易中的两个词去理解：一个叫贸易条件，另一个叫贸易竞争力。

贸易条件是说，我拿了一个商品给你换了多少商品。如果从贸易条件的角度来看，一定是本币币值越值钱越好，这就是本币的升值。贸易竞争力是说，我的东西便宜，我跟你做生意，我就能够卖出更多东西。你会发现这两个指标实际上是相冲突的，美国人赚的从来不是贸易竞争力，赚的从来都是贸易条件。

所以我们可以延伸看到为什么最近人民币很强。是因为最近半年，无论是贸易还是全球投资都发生了逆转。从贸易角度来说，由于其他国家的产能不能动，他们需要买中国货，这时候国际贸易上对人民币的需求、对中国货的需求显然会迅速上升。从国际投资的角度来看，也由于中国的疫情控制得最好，不管上升的幅度怎么样，至少是在改善，是一种短期需求在上升。

尹睿哲：我从事债券市场研究工作，所以结合今天的主题——破局和新生，谈一谈我对债券市场2020年和2021年的大致看法。这两个词恰好对应我对2020年和2021年市场状态的判断。对于债券市场，2020年恰好是破局之年。

2020年5月，整体利率水平转向上行，债券市场进入下跌通道。近一两个月中，整个信用市场又出现了一系列连续的冲击和事件。对于债券投资者来说，2020年是难熬的一年。但展望2021年，我认为债券市场将迎来新生。这主要基于以下几个判断。

第一，2020年疫情无论是对国内的宏观周期还是微观实体结构都产生了巨大冲击。但是中国已最先从这个冲击中走了出来。当前，将中国的利率水平和全球其他经济体作比较，我们可以发现，现在整个利差水平处于历史最高位。相应地，中国的汇率水平在过去的几个月当中持续升值。数据显示，外资整体上持续涌入中国债券市场。因此，展望2021年一年市场的总体状态，中国债券资产的性价比非常突出。站在整个资管行业的视角来看，这是一个比较大的机遇。

第二，从理论角度来看，汇率变化主要有几种驱动因素：一是经济基本面的相对变化。比如中国的基本面相对于美国更好，那么理论上人民币就应该比美元更强。二是两个国家货币供给的相对状态。如果中国央行"放水"时比美联储显得相对节制，那么人民币汇率也应当会升值。三是监管。如果央行对市场有很强的监管动机或意愿，并进行干预性操作，汇率就会波动。

对于近期人民币汇率走强状况，我认为是由两个因素所导致的。一方面，中国经济增速恢复在全球中领先。目前中国和美国的经济增速差，几乎处于近十年中的最高水平。另一方面，中国央行的货币政策在全球中也最早恢复正常化。2020年5月，中国央行就从疫情极度宽松的状态当中退出，回到一个相对正常的区间。而海外发达经济体的央行，比如美联储，现在都还处于一个极度宽松的状态之下。基于这两点，人民币走强是非常合理的。这一现象与政策干预的相关性不大，它只是国家经济体客观、现实的反映，而且我相信这个趋势在一定程度上具有可持续性。

在"每日中间价"中可观察到央行对于汇率的态度。以前中间价中有一个部分叫作逆周期因子，虽然后来这个逆周期因子被取消，我们仍可以对中间价，理论值和最终公布出来的实际值之间的差额进行一个理论和数值上的估计，并依此观察央行对于汇率是倾向于贬值还是升值。在过去一段时间中，逆周期因子也好，把它取消掉之后的差值也好，均呈现双向波动的状态，并没有非常显著的倾向性。而在2019年9月或者2018年年初，央行对汇率有一定诉求时是存在显著差异的。因此，当前央行对于汇率的变化保持相对合一的状态。

四 后疫情时代的大健康产业发展

新冠肺炎药物研发策略与思考

大健康产业和数字经济的未来

未来医疗行业将加速重构

新冠肺炎药物研发策略与思考

丁 胜

清华大学药学院院长、全球健康药物研发中心（GHDDI）主任

新冠肺炎疫情自从2020年1月以来席卷全球，截至11月下旬，全球感染新冠肺炎的患者已经超过5 500万，由于新冠肺炎感染造成的死亡人数超过130万，影响了全球200多个国家和地区。除了很多患者感染新冠肺炎，新冠肺炎疫情也严重影响了其他疾病的防控和治疗，比如艾滋病，据相关统计，2020年可能会增加50多万人。联合国的可持续发展目标等也都受到了严重的影响。

新冠肺炎疫情本身是一场公共卫生危机，但是从目前来看，病毒将会长期与人类共存，会进一步引起经济、社会以及政治等方面的危机，目前还没有特别有效的药物和治疗方案。抗击疫情，全世界范围内其实可以非常有效地借鉴中国经验，中国的抗疫经验更多的是在行政管理上，能够有效地抑制疫情进一步发展。另外一个更有效的、能够长期保护人类生命健康的手段，是药物和疫苗。

在这场突发的疫情刚开始时，“老药新用”是一个主要策

略，所谓“老药新用”，指的是把经历过临床一期的药物，在新冠病毒感染者身上进行进一步的验证，去发现这些老药中间能否有针对新冠病毒有效的药物，这样可以节省相当多的研究时间，可以快速地应对突发的急性传染病。

自从2020年年初，很多老药被各个药厂和机构，通过不同的手段筛选进行临床研究。很遗憾的是，到目前为止，“老药新用”的策略并不是很有效，只有两三种药物发现了有限的有效性。比如在早期感染轻症的患者中，发现瑞德西韦有一些有限的效果，其他很多在早期被大家认为可能有效的老药，在随后的临床试验中，发现都没有明显的效果。包括瑞德西韦，世界卫生组织也认为它没有足够的有效性。

基于这样一个认知，我们需要进一步针对新冠病毒开发特效药物，特效药物对于未来对抗新冠病毒，以及随后演变的其他冠状病毒等传染病是必须有的，还需要有更多的储备。从药物研发的角度而言，主要有两个策略，一个策略是针对冠状病毒本身，针对病毒怎么侵染细胞来开发药物。另外一个策略主要是针对病毒感染的宿主人体进行药物研发。针对宿主人体主要是基于两个阶段，在病毒感染早期，可以通过激活宿主的免疫对抗病毒；在病毒感染晚期，危重患者由于自身免疫的过度激活，很多组织器官受到自身免疫的攻击，导致多个组织器官的衰竭，在这种情况下，针对宿主的这种疗法，应抑制炎症过激的免疫反应。

针对病毒本身的药物开发，目前主要是针对病毒侵染细胞，比如中和抗体，可以阻断病毒侵染细胞，同时也可以针对病毒复制。未来针对新冠病毒，要开发针对病毒本身的生物大分子抗体药物，化学小分子、靶向药物，包括其他的一些疗法，比如干细胞疗法、基因疗法，这在针对病毒或者针对自身宿主组织器官的修复和再生上都将发挥重大作用。

简单跟大家介绍一下中和抗体的药物研发。血浆疗法是从康复患者的血液中间提取血浆，治疗感染的患者。在大规模的临床试验中发现，血浆疗法的有效性是非常局限的。康复患者血浆中真正有效的、能够中和病毒的这些抗体的有效浓度、有效性其实各不相同。在这种情况下，去开发用血浆疗法治疗新冠肺炎患者，有效性是不尽如人意的。当然，寻找血浆供应者也有相当大的局限性。针对这样的问题，能够从康复患者血液内寻找高效的中和抗体，进行工业化生产，随后去验证其有效性和安全性，将成为治疗新冠病毒感染患者的有效手段。基于这样一个思路和技术，有多款针对新冠病毒的中和抗体被发现和开发出来，多款抗体进入临床试验。

在三期的临床试验中发现，至少有两种抗体对轻症有一定的有效性，能够降低病毒的载量。很遗憾的是，对于危重患者、病毒侵染的晚期，中和抗体的有效性大打折扣，并没有看到其降低死亡率。所以未来针对中和抗体，如何能够开发更有效的疗法，以及怎么加强中和抗体其他的一些作用，将成为研发的一个重点。

中和抗体的优势主要是特效性非常高，靶点相对非常专一，可以实现精准打击，半衰期也比较长，可以是几周的时间。目前它对危重患者的有效性有很大的局限，同时成本非常高。开发广谱的抗体也有一定的难度。

如果长期应对新冠病毒，最有效的手段可能还是疫苗。从目前来看，全球有至少几百个疫苗的研发团队在开发针对新冠病毒的疫苗。大家所了解到的五种疫苗手段，包括灭活疫苗、减毒活病毒疫苗、腺病毒载体疫苗、重组亚单位蛋白疫苗，以及核酸疫苗。最近有两款基于信使核糖核酸（mRNA）的新冠疫苗，在三期临床试验的中期分析中发现确实具备很好的有效性，未来对这样的疫苗也报以非常大的期望。当然现在还处于疫苗研发的早期阶段，未来需要观察这些疫苗的长期有效性。

在抗击新冠肺炎疫情的过程中，全球各个机构发挥自己的科研优势，针对新冠病毒开发了不同的药物。在中国，全球健康药物研发中心也发挥了重要的作用，主要聚焦世界顶尖资源，发挥中国的研发优势。聚焦新药研发与转化研究，以解决包括中国在内的发展中国家面临的重大疾病挑战。

在新冠肺炎疫情期间，全球健康药物研发中心联合清华大学药学院安排了一系列针对新冠病毒的研发工作，也进行了很多“老药新用”的筛选工作，遴选出一系列具有潜力的候选药物，随后在实验室进行新冠病毒体外活性的进一步验证，以及推荐候选药物进入随后的临床研究。

在随后的工作中，全球健康药物研发中心也启动了针对新冠病毒的药物以及疫苗研发计划，希望长远布局，持续投入，这也是基于对新冠肺炎疫情的认知，发现已有的储备确实不够，难以应对这样突发、重大的急性传染病。长远布局、持续投入，储备一些针对冠状病毒或其他病原体的疾病的研究，是非常重要的。研究主要聚焦三个方向：第一个方向是小分子抗病毒药物，实际上是针对新冠病毒复制的靶点，针对宿主人体的自身免疫调节，希望能够在早期抗击病毒，无论是治疗病毒感染的患者，还是未来能够通过药物来保护健康人群不感染新冠病毒。第二个方向主要是中和抗体的药物研发，希望开发更广谱、更有效、更高效的中和抗体，针对新冠病毒以及新冠病毒未来突变、演变的新的一些病毒。第三个方向主要针对疫苗研发，开发全新的重组蛋白的疫苗平台，以及更重要的是开发疫苗佐剂。

总而言之，基于这次新冠肺炎疫情，发现全球其实针对这种突发性的传染病，储备确实是远远不够的，2003年SARS之后很多针对冠状病毒的研发工作，都相继停滞或者中止，很多应有的储备确实没有到位。未来，由于人和自然之间的相互作用，新的疫情还会发生，需要持续投入，预先针对这些可能的病原体进行药物及疫苗的研发。在这个过程中，全球健康药物研发中心也将持续投入，发挥应有的作用。我们同时与国内外30多家不同的科研机构、药厂、盈利机构和非盈利机构都有针对不同疾病的药物研发合作，赋能国内外研发团队。针对新冠病毒的药物和疫苗的研发，我们也想拓展这方面的能力。未来希望长期聚焦公共卫生领域的药物研发，针对不同的病原体以及针对其他可能危害人类健康的突发性疾病，进行长期的研究储备。

大健康产业和数字经济的未来

李 政

北京仁正医德科技有限公司董事长、原百度医疗事业部总经理

回顾一下中国在医疗健康领域主要的现状、特点。

无论是在哪里解决医疗健康的问题，其实都分成这三个阶段，分别是预防、临床和康复。第一是预防，也就是少得病、晚得病，进行风险的防控。第二是临床，更多的是多发现、早发现、多治疗，防止病情的恶化和防止大病的发生。第三是康复，希望患者快速恢复健康，快速复健，预防残疾这样的重大疾病。

中国这三个阶段的现状是什么呢？以医院为中心的临床干预，是中国目前的主体，而在预防、康复，也就是在院外、院后和院前的部分，比重非常轻。其实最终一定是要回归医疗本质，以预防为主，让人们生活得更健康。

拿中美两国的大健康产业数据作比较。在美国GDP比重中，大健康产业占到了19.2%，是第一大产业。它的细分又是什么？在19.2%里，大健康产业中以医院为核心的临床医学干预和药品器械、耗材的支出分别是19%、14%，剩下的

绝大部分是由家庭和社区的保健服务、长期的护理险、健康风险管理构成。

再看中国的大健康产业构成，会清楚地发现，在美国占到33%的比例里，中国占95%。因此讲中国是以临床、以医院为中心的一个大健康体制。为什么会产生这个结果？其中很重要的是由于中国在发展的过程中，首先要解决的是急病、重病的防治以及重大传染病的救治等。在这种情况下，就产生了以临床为核心的体制，但是这个体制在新时代显然已经不能满足国家和人民群众在医疗健康上的需求。

为什么美国能构成如今的机制？有两个重要的要素，第一是有人去做这个工作，第二是有财政来支持。美国长期以来已经构成了以家庭医生为核心的三级预防体制，他们的家庭医生水平也非常高，全科能力很强。另外，美国是以商业健康险作为核心的支付方，商业健康险以及支付商业健康险的所有企业都有共同的诉求，愿意降低保费的支出，希望能够提前预防、不要在临床消耗大量的保费，他们愿意为预防付费。

再看中国，虽然近几年已经大力提倡分级诊疗的战略，但毕竟时间短，还在起步阶段，尤其是以基层全科医生为基础的家庭医生体系，在能力上还需要一个提升的过程。因此我们是缺乏人才在院外、在预防上去实施。同时中国目前的保险还没有为预防付费。

但我们欣喜地看到，国家政策已经进行了强有力的引导，近几年出台的政策举不胜举，非常强调的是预防为主、提前干预，而不是在临床消耗大量的药品和器械耗材。国家在这方面的力度是非常巨大的，实施“4+7”“两票制”以来，对药和器械都进行了重新梳理，从而为未来以院外预防为主打下良好的基础。

国家医疗保障局的成立，主要的目的是提高医保费用的使用效率和降低医保支出。现在已经有这样的案例，比如说北京有300万从业者是生活在河北廊坊的北三县，北京市的医保部门已经在跟河北廊坊的医疗部门沟通，愿意支持当地把社区居家的医疗能力提升，从而让这300万从业者能够安心地在当地解决自己的健康问题，避免造成更重大的流动和更多对北京医疗的压力。这样的探索在医疗保障局成立之前，是难以想象的。

国家在大力加强对医疗健康险的支持，比如说一些大的保险公司已经获得了某些省份从省会城市到地级市，再到县、乡，来承包国家医保的资格，从而希望有更多更好的服务、更高的效率呈现出来。

两年前，亚马逊提出将脱离美国现在的商业保险公司，不把保费交给他们，自己成立商业保险公司，为什么呢？因为通过测算，他在降低10%的条件下，还能给自己数以十万计的员工提供更好的服务。当然这源于亚马逊有自己员工的数据，可以为员工提供更精准的服务和预防的引导，从而让他的保费降低，同时还可以提高员工的健康管理水平，所以我认为中国的商业健康险也大有可为。

对大健康产业的未来判断，我认为有三个重大的趋势：从医到康、从院到家、从康到养。从以医院为核心，转变为进入家庭、进入社区。这样的变化必然会引发将来在康养上的大变局，有“康”才能引导“养”，将来的养老一定是以健康作为基础，有康才有养。

那么如何实现呢？做好四件事情非常重要。

第一，居家没有健康的属性，但科技的发展给我们带来了机遇，尤其是医疗健康及物联网设备的层出不穷，为我们打破了障碍。也就是说，可以通过手环、居家的检验设备，回传生化指标，尤其是与慢病相关的，比如最基本的四项生命体征，血压、血氧、心率、体温，全都可以通过设备回传。

第二，它正在从侵入变成非侵入，原来测量血糖，需要扎到皮下，要见血，但是现在已经有越来越多的设备是非侵入，不用扎下去，每天自动回传，甚至可以通过尿液测血糖。这些回传的数据统一都称为个人健康数据（PHR），形成了个人健康的完整画像。

第三，在PHR的基础上，有机会在居家形成万物互联，不仅能够接入到现有的医疗卫生服务体系中，还可以在营养膳食、运动、作息等生活方式上为它所引导，形成精准匹配。

第四，形成的是以居家社区为核心的主动健康服务的业态，因此我们要大力提倡与基层、社区结合，最终构成以数字化为基础的主动式居家健康管理解决方案。

举例来讲，廊坊地处京津之间，离北京、天津各60千米，廊坊的460万人民经常去北京、天津就医，而不在本地就医。因此，廊坊作为一个地级市，怎样使百姓的健康问题在本地解决成为一个重要的命题。我们基层的医疗水平服务能力比较低，因此需要提升。在与廊坊的合作中，我们有很多体会，比如我们围绕着中间的患者构建了四层体系：第一层，先要采集他的数据，包括以四项基本生命体征（血压、血氧、体温、心率）为核心的数据，也包括血糖、尿酸等。第二层，是依托基层医疗构建起服务体系。在这个过程中，包括护士、健康管理师、中医等来形成基础的服务体系，一定要跟基层紧密结合。第三层，要强调的是在患者的康复、慢病管理、职业病管理、防疫管理等各个方面，很好地结合运动、饮食、心理全方位的配合与调节。第四层，是形成在画像基础上的精准推送，将来在这个过程中可以推送无糖食品、膳食方案等，更多物联网健康的医疗级设备，都可以在精准的服务推送中实现，从而构成围绕患者的互联网加居家精准照护的服务体系。

在这个基础上，再谈一谈大健康产业和数字经济结合的未来变化。医疗界初代的科技和数字进行结合，主要是当年的院中医疗信息化，是以某一个医院或者医院的联合体为中心，形成了IT服务体系，从而提升服务效率，功不可没。但是它的核心仍然是某一个医院，还是信息孤岛。第二代是百度做的互联网医疗的部分，最开始只能从医疗信息、线上的远程咨询、预约挂号等来引导这个服务，其中最大的问题是它有海量的受众，每天寻医问药者上亿，各个平台都有大量的人群，但是供给侧是互联网公司的一大难点。未来，我想如果把重心仅仅放在医院的部分，发力的方向就扭曲了，更应该向健康的领域发力，从而丰富我们的供给侧。

未来的电商会被谁引导？是被搜索引擎的推荐引导，还是被店小二的建议引导，还是被网红明星引导？我相信未来一定是根据你回传的身体指标、客观的生化指标，以所形成的画像作为依据来进行引导，这是最可信的。所以未来的电商，数字经济一定是被大健康引导的。

最后，我也为在医疗健康科技界的各位同仁、朋友提三个建议。

第一，互联网健康企业，应该更多地投入健康管理和预防上，而不是与现在的临床和医疗机构争夺存量市场。比如争夺有多少个名医，有多少个医生可以到我的平台来执业，这个不是对现有的体制、体系进行的有效补充，而是一个重复的浪费。我认为在未来，可能原本医疗是万亿级，健康产业将是十万亿级，这才是我们更多关注的方向。

第二，在这个过程中，要特别注重保护患者隐私，一定要合法使用数据。患者的PHR与医院中的EMR有更好结合的机会，如果这个真正成为一个可行的连接以后，将真正为患者健康全生命周期进行干预创造条件，既有院中也有院外，既有预防也有临床。

第三，反垄断。在医疗健康领域，未来再产生大树底下寸草不生这样平台的机会已经没有，未来一定要紧密地依靠政府，助力社区，服务基层。一个产业互联网的多赢局面，既有市场的商业闭环，也有社会效益，从而形成未来的格局，这才是我们思考的方向。深耕健康预防、注重隐私保护、构建共生共荣的生态企业，才是赢得未来的企业。

未来医疗行业将加速重构

江 敏
软银中国资本合伙人

软银中国资本成立于2000年，是中国一家比较早期的私募股权投资企业，其中TMT、医疗、新能源、新材料以及智能制造是我们主要的投资领域。其中医疗投资一直是软银中国资本的一个核心投资方向。

大概是在2020年年中，疫情高峰过去，各地都已经允许人员流动了，我收到一份商业计划书。在忙完了一些积累的事情后，过了几天我给对方打了一个电话，对方非常自豪地告诉我，他们的交易窗口期关闭了，前后就只有10天。这是一个什么概念呢？在传统的医疗投资上，一个交易，从谈判到尽调，到相应的投资协议起草，再到后续的交割完成，2~3个月是非常常见的，复杂一点的案例需要3~6个月。10天就完成交易，这非常令人惊讶。这种微观的惊讶，或者一个个案的现象，是不是能代表一种趋势呢？后来我们发现，数据佐证了我们的判断，医疗投资开始趋向于非常火热的状态。

2018年、2019年这两年的上半年，整个国内的医疗股权投资总额基本都在90亿美元左右。而2020年上半年的医疗投资高达112亿美元，同比增幅18%。据不完全统计，在2020年三季度，这个数字有可能创近年来的一个新高。2020年整年的国内股权医疗投资很明显将会是一个高点，而从2018年至2020年前三季度A股的医疗IPO企业上会发现一些有趣的现象。

在数量上，呈现明显曲线上扬的趋势。2018年是8家新上市企业，2019年是17家上市企业，2020年前三季度就有36家。在这61家新上市医疗企业当中，我们会发现有这么几个特点：第一，大部分新上市企业都是技术创新型的医疗公司，其中生物技术、高附加值的器械，以及药品占了近70%。第二，企业上市的时候，市值表现都不俗。其中有12家上市的时候，市值在100亿~500亿元，另有2家要高于500亿元。第三，从上市到现在为止，没有一家企业破发。涨幅在100%~300%的企业有22家，涨幅在300%~500%的企业有10家，涨幅在500%以上的企业，居然高达9家。

与此对应地，医疗的二级市场非常火热。从2019年1月到2020年9月，香港的恒生指数下跌了8.02%，但是香港的医疗股的表现是增加了90.15%。而上证指数在同时期里，它的增幅是29.03%，医疗股的表现是增加了100.07%。很明显，医疗股的表现非常抢眼，远远跑赢整个大盘。

多维度都在论证一个事实，医疗投资非常热。而这种热是基于疫情冲击的背景，社会生活各个方面都受到挑战和影响。视角不一样，可能获得的信息量也不一样，这其中有机遇也有挑战。一个很重要的事实是很难规避的，就是疫情的持续影响带来了改变。举例来说，截至2020年10月，从统计数据来看，全球新冠肺炎检测的样本量高达4.19亿，每一个样本量的费用以2.5美元来计算的话，仅仅这样一块市场在中国就高达2.26亿美元，在全球远超10亿美元，疫情直接催生了这样一个小小的市场。疫情可能催生的增量市场远不止如此。在分子诊断领域，我们预估在中国国内将会催生将近100亿元的增量市场。在疫苗领域将会催生高达400亿元人民币的市场。而受益面最大的有可能是数字医疗，数字医疗或将催生高达1000亿元以上的市场。相较这三大受疫情影响最大的增量市场而言，传统的医疗服务、药品和器械的增长反而是温和的。这时候大家不禁会问，是不是说大家都去投疫苗开发、分子诊断、数字医疗呢？对于投资者而言，是不是传统的器械服务和创新药物就不具有投资价值呢？我们认为不尽然。

疫情带来的影响在短时间里表现是如此，但长时间看，我们认为未来的医疗将加速重构，可能在三方面会体现它的特征。第一，在技术变革领域，将会持续加强。除了在疫苗、IVD市场会有这种变革，在基因工程、纳米生物、合成生物、神经科学等领域，这种变化也会加速。同时利用AI和大数据，让医疗更智慧、更智能，也会成为一个趋势。以达·芬奇机器人为代表的微创手术机器人、小型化医疗机器人将会加速发展。第二，疫情让人员流动变得困难，传统的全球供应链将会本土化，为本地的很多企业带来更多的机会。第三，以前相对忽略的公共卫生领域中，一些基础赛道和设施建设将会得到进一步的加强。尤其是在三到五线城市，这些城市将加快医疗基础设施的建设，其中包括人员培训等等。所有的这一切都会带来机遇。

如何在这种新的历史机遇下，把握时代的脉搏，获得良好的市场机会呢？时代的一粒沙子，落在一个人头上，将改变这个人的一生。而时代的一粒沙子，如果落在一个企业的头上，有可能会给企业带来重生的机会，也有可能让这个企业毁灭。

从全球的角度看，有一个很重要的现象：医疗政策在整个医疗行业的发展当中起到关键的作用。在中国同样如此，医疗政策对整个行业的发展起着举足轻重的作用。要掌握好时代的脉搏，就一定要去好好地研究医疗政策的走向。最近谈论最多的是关于一根心脏支架可以买几瓶茅台酒，突然变成一瓶茅台酒可以买几根心脏支架。大家都清楚这是带量采购带来的直接后果和影响，带量采购让心脏支架从均价13000元变得均价只有700

元不到，降幅高达94%。那么依赖于低技术驱动的公司，它未来将如何生存？从投资的角度来看，我们必须综合地去选择更好的标的。

同样，我们来看看互联网医疗的变革。受到疫情的影响，以往日常的高频人员流动成为一个困难点，甚至在疫情高峰期，去就医会受到很多约束。这时候，存在了好几年的互联网医疗，一夜之间突然非常火热，它成了一种重要的医疗手段，医疗政策也开始倾斜于它。在很多地方，互联网医疗的费用可以纳入医保了，还有很多城市陆续颁发了互联网医院牌照。据不完全统计，截至2020年第三季度，互联网医院牌照已颁发600多个，正在建设的有600多家，未来或将达到1000余家，这是在很短的一个时间里将会发生的事情。再看一下其他的医疗政策，比如生物数据安全法的实施，中国的（疾病）诊断相关分类（DRGs）从试点到实施，包括一些绿色通道的创新业务的药品批准时间缩短，都为很多企业带来机会，也带来了挑战。

以上这些例子仅仅是一个侧面。中国的医疗政策不断地迭进和推演，我们会想，为什么中国医疗会频繁出现新政策呢？国家卫生健康委2017年公布的相关数据显示，存在这样的一个医疗鸿沟：占了整个中国人口数量近70%的农村及城市低收入人群，在整个国家的医疗费用总支出的占比是20%左右；而占全国人口数量近30%的高收入人群对医疗费用的总支出高达80%左右。70%的人口人均医疗费用支出小于1100元，而30%的人口人均医疗费用支出约为1万元。这种巨大的反差，会造成很不一样的行业机会和投资机会。

第一是低成本医疗。如果哪个企业能够做到低成本医疗，利用本土化的创新能力，让老百姓有更多的医疗获得感，很明显它会具有良好的投资机会。在整个医疗链条当中，从医疗产品的供应，到医疗产品的分销，到医疗服务的提供，到最后患者获得，医疗产品目前占据了核心地位。如果利用本土化能力做到本土化创新，做好进口替代，就是一个很不错的投资机会。很多企业家也致力于此，这样不仅仅可以应对带量采购的冲击，而且很容易规模化，形成核心市场竞争力。第二是医疗技术的捕获成为很重要的一点。全球6000多种主要疾病，其中真正能达到对疾病完全了解、探知因果关系，然后成功治愈的尚非常少，大量的疾病都需要更多的医疗技术更新方可破解。所以，持续去捕捉良好的医疗技术，为生命保驾护航，是很重要的一个方向。

我们一直以来致力于对于医疗技术的捕获，无论是在基因组学、免疫疗法，还是在创新的医疗器械以及手术机器人等领域，我们认为医疗技术是一个很核心的投资方向。

我们发现，目前很难有单一的行业概念。无论是运输、纺织、零售，还是医疗、教育等行业，技术对行业的渗透是多维度的，比如传感器技术、IT技术等。这种现象导致行业边界的模糊化。在这种行业边界模糊的时候，想要获得竞争优势，第一，要切换和扩展视角；第二，要更加关注产业的融合；第三，要掌握复合的技能。只有这样才能够体现差异化，获得核心竞争力。

我们一直坚持比较冷静的投资策略，并将这种投资策略贯穿始终。我们从两个视角来加以阐述：第一，用技术加可见的需求来捕获相应的投资标的。当然需要强调一点，可见的需求是一种真实的需求，不是伪需求，可见的需求是一种可规模化的需求。第二，强调技术加隐性的基础设施。这种隐性的基础设施一旦跑起来，进入门槛会非常高，竞争力会得到进一步的加强。所以对于医疗投资者而言，无论医疗投资热与否，坚持自己赛道的打法，3~5年之后，穿越周期，你会发现收获的不仅仅是财富，还有价值。